MW01249256

MW01249256

RED STARS

SOVIET AIR FORCE
IN WORLD WAR TWO

RED STARS

NEUVOSTOLIITON ILMAVOIMAT
TOISESSA MAAILMANSODASSA

THIRD PRINTING
KOLMAS PAINOS

PRODUCTION @ TEKNINEN TOTEUTUS
RAUNI VAINIO

PUBLISHER @ KUSTANTAJA
APALI OY
SAMMONKATU 64, 33540 TAMPERE, FINLAND
TEL. (931) 2552 499, FAX. (931) 2552 799

Ensimmäinen ja toinen painos
ISBN 951-95821-4-2
Kolmas painos
ISBN 952-5026-01-9

PRINTED IN FINLAND BY
FORSSAN KIRJAPAINO OY, FORSSA
1995

SOVIET AIR FORCE IN WORLD WAR TWO

RED STARS

NEUVOSTOLIITON ILMAVOIMAT TOISESSA MAAILMANSODASSA

1939-1945

Carl-Fredrik Geust
Kalevi Keskinen
Kari Stenman

Apali Oy

S.G. Surzhenko of the 72 AP (Aviation Regiment), Northern Fleet (SF), in the cockpit of his I-16 fighter after the outbreak of the "Great Patriotic War", June 22, 1941. The port side of the fuselage bears the inscription "Za SSSR!" (For the USSR). The starboard side had the inscription "Za VKP(B)!" (For the CPSU).

Pohjoisen Laivaston (SF) Ilmavoimien 72. LeR:n ohjaaja S.G. Surzhenko I-16 -hävittäjässään Suuren Isänmaallisen Sodan sytyttyä 22.6.1941. Koneen vasemmalla puolella teksti "Za SSSR!" (Neuvostoliiton puolesta!), oikealla puolella teksti "Za VKP(B)!" (NKP:n puolesta!).

At the moment of the Nazi-German attack on the Soviet Union, a great part of our aircraft was of an obsolete type. Even though re-armament was proceeding at a quick pace, it was still far from complete when the war broke out. Therefore, the reader will see photos of I-16, I-15 and I-153 fighters on the first few pages of the book. Only a few years earlier, in Spain and Mongolia (during the Khalkhin-Gol conflict) these planes represented the latest achievement in aircraft technology, but in 1941 they were due for replacement. In spite of these obsolete planes, Soviet pilots fought bravely and met with success more than once. It was far from being an accident that the first Fighter Air Regiment to be awarded the rank of "Guards" was fighting with I-16s and I-153s. Thus, the old aviation proverb — "It's not the aircraft that counts but the pilot in it" was once more confirmed.

When the new fighters Yak-l, MiG-3 and LaGG-3 as well as their subsequent modifications were introduced on a large-scale basis into the Soviet Air Force, our pilots dominated the skies and retained this superiority over the German Luftwaffe starting with the famous air battles at the Kuban River in the spring of 1943 until Victory Day, May 9, 1945.

This was, of course, not easily achieved. In order to win the battle against the well equipped and well organized Nazi Air Force, it was necessary to continuously improve the fighting performance of our aircraft. This operation was carried out successfully. not by introducing completely new aircraft designs - the number of new types put into serial production during the war could be counted in ones — but rather by means of modification and further development of designs, which had already proved themselves to be well established in production and on the front lines. The alterations were introduced without bringing the assembly lines to a halt and as a result aircraft with rather similar external appearance could possess greatly enhanced speed, dog-fighting capabilities and firing power. If one compares for example the Yak-1 (used at the beginning of the war) with the Yak-3 having a VK-107 engine (used at the end of the war), or correspondingly the LaGG-3 with the La-7, it is easy to see to what extent their external features resemble each other. On the other hand, as far as top speed is concerned the difference between them amounts to 130—140 km/hr.

Pictures of foreign aircraft have also been included into this book, such as English and American fighters flown by Soviet aviators. Some of these planes such as the Hawker Hurricane were already obsolete even at that time. Others, such as the Bell Airacobra met the necessary requirements with respect to armament and equipment.

Glancing through the pages of "Red Stars" one can't help but remember the difficult yet at the same time glorious days of the Great Patriotic War — one feels immortal history alive and breathing. In conclusion to this brief foreword I would like to state that the authors of "Red Stars" are doing a good and necessary job.

Mark Gallaj
Hero of the Soviet Union
Distinguished Test-pilot of the USSR
Doctor of Engineering Sciences
Colonel (retired)

In the tremendous battle waged between the people of the Soviet Union and of Germany, aviation played a major role.

Flushed with their triumphs in France and Poland, Goering's redoutable forces for four years dashed themselves against the aircraft and the anti-aircraft defence of the Soviet Union, in the greatest combat known to history.

Those who took part in this tragedy should not be forgotten; it is right that we should gaze on their faces; we know their destiny, but we should also know the planes that made their achievements possible.

Evoked by the enchantment of these feats, dates, assignments, victories spring to life; we see again the men and the planes. Amid the roar of the engines, the dust of take-off, the whitness of the snow, the faces and the aircraft become distinct and the past lives again, casting out forever our forgetfulness of selfless deeds for sacred causes.

To gather together these records, to collect and order these documents and then to present them — and that in a work where the authors' regard for the importance of their subject requires that the exactness of information should be their prime concern — is a vital and irreplaceable service of witness to history.

Roland de la Poype
Heros de l'Union Sovietique
Capitaine, Commandant de la 2 Escadrille
du Regiment "Normandie-Niemen"

FOREWORD

"Red Stars" presents the warplanes of the Soviet Air Forces during World War II. The high-quality photographs have been selected to show technical details, the seemingly endless variety of camouflague patterns, individual and unit markings as widely as possible.

We are indebted to the following institutions and individuals for having kindly submitted material for our disposal: Gen. V.P. Bashkirov (Director, Frunze House of Aviation and Cosmonautics, Moscow), L.F. Ryabihin (VAAP), the late Madame N.M. Semyonova (Director, Zhukovskiy Museum, Moscow), Gen. S.Ya. Fyodorov (Director, Soviet AF Museum, Monino), G.A. Pavlov, V. Repalo, B.Vdovenko and V.I. Voronin (Russia), R. Furler, V. Hardesty (National Air and Space Museum, USA), the Imperial War Museum, M. Passingham, R. Lundie (England), E.C.P.A., S.H.A.A., Icare, C. Huan, G. de Saint-Marceaux (France), B. Barbas, W. Girbig (Germany), K. Choloniewski, T. Kowalski (Poland), L. Valousek, J.Zita (Czech Republic), Finnish Aviation Museum, Photo Dept. of the Finnish Army and Y. Toivanen (Finland).

Special acknowledgement are due to our friends G.F. Petrov, who provided for our book several rare photographs from his inexhaustible collections and whose aid and expertise proved vital to our work. The accurate color profiles have been made by T. Berggren and V.I. Voronin. We should also like to extend our thanks to the two famous veterans - both Heroes of the Soviet Union - the French Count Roland de la Poype who fought in the Normandie-Niemen regiment, and the legendary test-pilot and fighter veteran Mark L. Gallaj.

Helsinki November 1, 1993

Carl-Fredrik Geust
Kalevi Keskinen
Kari Stenman

CONTENTS - SISÄLTÖ

(Top) Briefing in a Baltic Fleet (KBF) I-16 -regiment during summer 1939. (Centre) I-16 series 5 number "9" captured by the Germans in summer 1941.

Käskynjakotilaisuus eräässä Itämeren Laivaston I-16 -hävittäjälentorykmentissä kesällä 1939. (Alla) I-16 tyyppi 5 saksalaisten sotasaaliina kesällä 1941.

(Bottom) I-16 series 18 fighter number "13" of the 7 IAP (Fighter Aviation Regiment) of Leningrad front about to take off in autumn 1941.

Leningradin rintaman 7. HävLeR:n I-16 tyyppi 18 -kone "13" starttaa lennolle syksyllä 1941.

6

(Top) I-16 series 10 fighters of the Leningrad military district in summer 1939. (Bottom) Snr.Lt. Mikhail J. Vasiliev, a squadron commander in the 4 Guards IAP of the Red Banner Baltic Fleet, returning from a mission with his I-16 number "28" to Lake Ladoga in spring 1942. Vasiliev was decorated as HSU on June 14, 1942. He scored a total of 22 aerial victories and was killed in action on May 5, 1942. His plane is series 17 with 20 mm ShVAK wing cannons.

(Ylhäällä) Leningradin Sotilaspiirin I-16 tyyppi 10 -koneita kesällä 1939. (Alhaalla) Itämeren Laivaston 4. KaartHävLeR:n laivueen päällikkö, yliltn. Mikhail J. Vasiljev palaamassa sotalennolta Laatokan alueelta I-16 -koneellaan "28" keväällä 1942. Vasiljev nimitettiin Neuvostoliiton Sankariksi 14.6.1942. Hän saavutti yhteensä 22 ilmavoittoa ja kaatui 4.5.43. Kone on alatyyppiä 17 ja varustettu 20 mm ShVAK-siipitykeillä.

(Top) I-16 number "11" of Capt. Boris F. Safonov of the 72 AP, SF in Murmansk area in summer 1941. The port side inscription says "Za Stalina!" (For Stalin!) and on the other side reads "Smert´ fashistam!" (Death to the fascists!). Safonov was decorated as HSU on Sep. 16, 1941 and for the second time posthumously on June 14, 1942 as Lt.Col. and commander of the 2 Gv.IAP being killed in action on May 30, 1942 after having scored 25 personal and 14 shared aerial victories. (Bottom) I-16 series 18 number "13" of the 72 AP, Northern Fleet, with the inscription "Za SSSR!" (For the USSR!) in Murmansk area in summer 1941.

(Ylhäällä) Kapt. Boris F. Safonov ja hänen I-16 -koneensa numero "11" tyyppi 18 Muurmanskin alueella kesällä 1941. Koneen vasemmalla puolella teksti "Za Stalina!" (Stalinin puolesta!), oikealla puolella teksti "Smert fashistam!" (Kuolema fasisteille!). Safonov nimitettiin Neuvostoliiton Sankariksi 16.9.1941 kapteenina ja Pohjoisen Laivaston 72. LeR:n varakomentajana sekä toisen kerran kuolemansa 30.5.1942 jälkeen 14.6.1942. Hän oli tällöin evl. ja 2. KaartLeR:n komentaja. Safonov saavutti yhteensä 25 henkilökohtaista ja 14 jaettua voittoa. (Alhaalla) Pohjoisen Laivaston 72. LeR:n I-16, tyyppi 18, numero "13", Muurmanskin alueella kesällä 1941. Koneessa teksti "Za SSSR!" (Neuvostoliiton puolesta!).

(Top) I-16s of the Baltic Fleet air force during autumn 1943. Number "96" is series 24 while number "12" is series 27 or 29. (Centre) Lt. B.I. Filimonov of the 32 IAP, Black Sea Fleet (ChF), in his I-16 series 24 fighter inscribed "Za Stalina" (For Stalin). (Bottom) I-16 fighter of the 13 OAE of the Baltic Fleet in summer 1940.

(Ylhäällä) Itämeren Laivaston Ilmavoimien I-16 -koneita syksyllä 1943. Numero "96" on tyyppiä 24 ja numero "12" on joko tyyppiä 27 tai 29. (Keskellä) Mustanmeren Laivaston 32. HävLeR:n ohjaaja ltn. B.I. Filimonov I-16 tyyppi 24 -koneessaan, jossa teksti "Za Stalina!" (Stalinin puolesta!). (Alhaalla) Itämeren Laivaston Ilmavoimien 13. ErLLv:n I-16 -kone kesällä 1940.

9

I-16 fighters of the 4 Gv.IAP, KBF (Guards Fighter Aviation Regiment, Red Banner Baltic Fleet) in 1942. This unit provided air cover for the supply route to Leningrad across Lake Ladoga (the so-called Life Line). Number "21" belonged to Snr.Lt. Gennadi D. Tsokolayev, who is seen in the cockpit below. Tsokolayev was decorated as Hero of the Soviet Union (HSU) on June 14, 1942 and he scored a total of 20 aerial victories. The Guards´ emblem with the inscription "Gvardiya" is clearly seen on the fuselage.

Itämeren Laivaston (KBF) Ilmavoimien 4. KaartHävLeR:n I-16 -koneita vuonna 1942, jolloin tämä rykmentti suojasi Leningradin huoltoreittiä (ns. Elämän tietä) Laatokan itärannalta. Edessä yliltn. Gennadij Tsokolajevin kone, punainen numero "21". (Alhaalla) Kaartin yliltn. Gennadij D. Tsokolajev tyyppiä 10 olevassa I-16 -koneessaan "21". Tsokolajev nimitettiin Neuvostoliiton Sankariksi laivueensa varapäällikkönä 14.6.1942. Hän saavutti yhteensä 20 ilmavoittoa. Koneen ohjaamon edessä näkyy Kaartin tunnus, tekstillä "Gvardija" (Kaarti).

(Top) I-16 fighters of the Baltic Fleet in August 1941. Number "50" is series 6 and number "96" series 10. (Centre) An I-16 flight of the Baltic Fleet in October 1942. The planes are series 18.
(Bottom) Lt. G.G. Guryakov in front of winter-camouflaged I-16 number "34" of the 4 Gv.IAP.

(Ylhäällä) Itämeren Laivaston Ilmavoimien I-16 -koneita elokuussa 1941. Edessä numero "50" (alatyyppiä 6) ja tyyppiä 10 oleva numero "96". (Keskellä) Itämeren Laivaston ilmavoimien I-16 -lentue lokakuussa 1942.
(Alhaalla) Ltn. G.G. Gurjakov talvimaalatun 4. KaartHävLeR:n I-16 -koneen numero "34" edessä.

(Top) Sgt. V.P. Segalayev and armourer I.V. Belokop of the 71 IAP of the Baltic Fleet air force at gun-aiming of an I-16 series 29 number "75". (Bottom) Snr.Lt Anatoli G. Lomakin´s I-16 number "16" exhibited in the Museum of Defence of Leningrad in 1945. Lomakin was decorated as HSU on Jan. 22, 1944 while serving as squadron vice-commander with the 21 IAP, KBF. He was killed in action on Jan. 25, 1944 after scoring his 24th victory.

(Ylhäällä) Kers. V.P. Segalajev ja asemek. I.V. Belokop suuntaamassa I-16 (tyyppi 29) -koneen numero "75" aseita. Yksikkö oli Itämeren Laivaston 71. HävLeR. (Alhaalla) Neuvostoliiton Sankarin, yliltn. Anatolij G. Lomakinin I-16 (tyyppi 10) -kone "16" Leningradin Puolustuksen Museossa vuonna 1945. Lomakin nimitettiin Neuvostoliiton Sankariksi 22.1.1944 Itämeren Laivaston 21. HävLeR:n laivueen varapäällikkönä. Hän kaatui 25.1.1944 saavutettuaan 24. ilmavoittonsa.

(Top) Polikarpov UTI-4 trainer with fixed undercarriage and sliding rear cockpit cover (for blind-flying training) carrying the so-called Kremlin-star national insignia. (Bottom) A two-seater UTI-4 fighter-trainer of the 2 Gv.IAP, Northern Fleet in summer 1942.

(Ylhäällä) Kaksipaikkainen UTI-4 -harjoituskone. Koneessa on kiinteä laskuteline ja takaohjaamossa kuomu sokkolentoa varten. Kansallisuustunnuksena on ns. Kremlin tähti. (Alhaalla) Pohjoisen Laivaston 2. KaartLeR:n kaksipaikkainen UTI-4 -harjoitushävittäjä Muurmanskin alueella kesällä 1942.

(Top) The Polikarpov I-15bis number "173" piloted by Lt. Y.A. Andreyev of the fighter unit of the 9th Army air force made a forced landing at Oulunjärvi on Dec. 24, 1939 during the Finnish-Soviet Winter War. The aircraft was later used by the Finnish air force being coded VH-11. (Centre) I-15bis number "14" of the 71 IAP, Baltic Fleet at Lavansaari in the Gulf of Finland during autumn 1941. (Bottom) I-15bis number "110" of the 265 ShAP at Leningrad front in 1941.

(Ylhäällä) 9. Armeijan ilmavoimien Uhtuaan sijoitetun hävittäjälento-osaston I-15bis numero "173" teki talvisodan aikana pakkolaskun 24.12.1939 Oulujärven jäälle ohjaajana ltn. J.A. Andrejev. Myöhemmin konetta käytettiin Suomen ilmavoimissa tunnuksella VH-11. (Keskellä) Itämeren Laivaston 71. Häv-LeR:n I-15bis -hävittäjä numero "14" Lavansaaressa itäisellä Suomenlahdella 1941. (Alhaalla) 265. MaatstLeR:n I-15bis -kone numero "110" Leningradin rintamalla.

(Top) I-153 number "12" made a forced landing at Kerimäki, Finland on June 25, 1941, the first day of the so-called Continuation War. This aircraft was later used by the Finnish Air Force coded VH-19. (Centre) I-153 number "19" of the 13 IAP, KBF from Hanko naval air base made a forced landing near Tammisaari in southern Finland on Nov. 3, 1941. The aircraft was later used by the Finnish Air Force as IT-20. (Bottom) I-153 fighter of the 7 IAP taxiing for take off in Leningrad area in autumn 1941.

(Ylhäällä) I-153 -hävittäjä numero "12" teki pakkolaskun Kerimäelle jatkosodan ensimmäisenä päivänä. Konetta käytettiin myöhemmin Suomen ilmavoimissa tunnuksella VH-19. (Keskellä) Itämeren Laivaston ilmavoimien Hangon laivastotukikohtaan sijoitetun 13. HävLeR:n I-153 numero "19" teki pakkolaskun Tammisaaren Sommaröhön 3. marraskuuta 1941. Konetta käytettiin Suomen ilmavoimissa myöhemmin tunnuksella IT-20. (Alhaalla) Leningradin rintaman 7. HävLeR:n I-153 -hävittäjä valmistautumassa lennolle syksyllä 1941.

(Top) A pair of I-153s led by Capt. A.G. Baturin, 71 IAP, KBF taking off from Lavansaari in the Gulf of Finland on Aug. 22, 1942. Baturin was awarded the Golden Star on Oct. 23, 1942 with a score of nine victories. (Centre) I-153 number "93" of the 71 IAP, KBF is being prepared for a mission at Lavansaari in August 1942.

(Ylhäällä) Kapt. A.G. Baturinin johtama I-153 -partio (Itämeren Laivaston Ilmavoimien 71. HävLeR) lähdössä lennolle 22. elokuuta 1942. Kapt. Baturin nimitettiin Neuvostoliiton Sankariksi 23. lokakuuta 1942 saavutettuaan 9 ilmavoittoa. (Keskellä) I-153 numero "93" -konetta valmistetaan lennolle Lavansaaressa elokuussa 1942.

(Bottom) Lt. V. Redko at his I-153 number "10" of a naval IAP in September 1941. In front of the plane is a GAZ-AA starting truck.

(Alhaalla) Laivaston ohjaaja ltn. V. Redko I-153 -koneensa numero "10" edessä syyskuussa 1941. Koneen edessä GAZ-AA -käynnistysauto.

I-153s of the 71 IAP, KBF taking off from Lavansaari at the end of August 1942. Number "102" is piloted by Maj. P.I. Biskup and number "24" by squadron leader Capt. K.V. Solovyov, who was made HSU on Oct. 23, 1942 with 5 victories. He was killed in action on Dec. 27, 1942. The aircraft were armed with RS-82 rockets.

71. HävLeR:n I-153 -koneet starttaavat Lavansaaresta elokuun lopulla 1942. Maj. P.I. Biskup ohjaa konetta "102" ja laivueen komentaja kapt. K.V. Solovjov konetta "24". Kapt. Solovjov nimitettiin Neuvostoliiton Sankariksi 23. lokakuuta 1942 427 sotalennon, 65 ilmataistelun ja 5 ilmavoiton jälkeen. Hän kaatui 27. joulukuuta 1942. Koneissa siipien alla RS-82 -rakettiammukset.

(Top) These MiG-3s were delivered by the Moscow Aircraft Factory No. 1 in February 1942. The inscriptions read "Za Rodinu" (For the Fatherland), "Za Stalina" (For Stalin) and "Za Partii Bolshevikov" (For the Party of the Bolsheviks). (Bottom) 120 IAP of the Moscow Air Defence (PVO) was made Guards on March 7, 1942 as the 12 Gv.IAP. A MiG-3 line-up was arranged for the occasion.

(Ylhäällä) Nämä MiG-3 -koneet luovutti helmikuussa 1942 Moskovan Lentokonetehdas No. 1. Tekstit koneissa ovat "Za Rodinu" (Isänmaan puolesta), "Za Stalina" (Stalinin puolesta) ja "Za Partii Bolshevikov" (Bolshevikkipuolueen puolesta). (Alhaalla) Moskovan Ilmapuolustuksen (PVO) 120. HävLeR nimitettiin 7.3.1942 12. Kaart-HävLeR:ksi. Kuvassa yksikön MiG-3 -konerivistö.

MiG-3 fighter number "04" of the 7 IAP being piloted by Capt. S.N. Polyakov seen at the Leningrad front in summer 1941.

7. HävLeR:n kapt. S.N. Poljakovin MiG-3 -hävittäjä numero "04" Leningradin rintamalla kesällä 1941.

MiG-3 number "1" (c/n 2171) piloted by Lt. N.M. Estyen made a forced landing after being hit by a/a guns near Utti air base in southern Finland on July 12, 1941. The unit was a detached fighter squadron (OIAE) of the Baltic Fleet.

Ltn. N.M. Estjenin ohjaama MiG-3 numero "1" (c/n 2171) teki pakkolaskun ilmatorjunta-osumien jälkeen Utin läheisyyteen 12. heinäkuuta 1941. Ltn. Estjen palveli Itämeren Laivaston ilmavoimien Erillisessä hävittäjäeskadrillissa.

MiG-3 number "42" of the 7 IAP, Leningrad front in October 1941. MiG-3s were primarily used in the air defence role in 1941-43, also as night fighters. (Bottom) A MiG-3 with the inscription "Smert nemetskim okkupantam!" (Death to the German occupants!).

Leningradin 7. HävLeR:n MiG-3 numero "42" lokakuussa 1941. MiG-3 -koneita käytettiin etupäässä ilmapuolustusjoukoissa (PVO) mm. yöhävittäjinä vv. 1941-43. (Alhaalla) MiG-3 -hävittäjä, jonka rungossa on kirjoitus "Smert nemetskim okkupantam!" (Kuolema saksalaisille miehittäjille!).

The force-landed LaGG-3 series 2 is being disassembled by Finnish mechanics at Vitele, Olontets isthmus on Feb. 24, 1942. This aircraft later served in the Finnish Air Force coded LG-2.

Pakkolaskun Aunuksessa tehnyt LaGG-3 numero "33" purettavana Vitelessä 24. helmikuuta 1942. Kone sai korjauksen jälkeen Suomen ilmavoimien tunnuksen LG-2.

The Finnish a/a artillery At Nurmoila air base on Olontets isthmus shot down on March 6, 1942 LaGG-3 number "71" (c/n 070171) belonging to the 524 IAP of the 7th Air Army. (Bottom) LaGG-3 series 35 (c/n 312357) made a forced landing near Nurmoila on Sept. 14, 1942. This aircraft probably came from the 524 IAP, too. The aircraft was repaired and used by the Finnish Air Force as LG-3.

Nurmoilan ilmatorjunta pudotti 7. Ilma-armeijan 524. LeR:n LaGG-3 -koneen numero "71" (c/n 070171) 6. maaliskuuta 1942. (Alhaalla) LaGG numero "57" (c/n 312357) teki pakkolaskun Aunukseen Nurmoilan lentokentän läheisyyteen 14. syyskuuta 1942. Kone kunnostettiin ja siitä tuli Suomen ilmavoimien LG-3. Koneen yksikkö oli todennäköisesti 524. HävLeR.

(Top) Yuri Shchipov of the 9 IAP, Black Sea Fleet in the cockpit of his LaGG-3 number "43". On the fuselage is Shchipov´s personal emblem "Lion on a heart" and eight stars indicating the kills. (Bottom) Capt. Yegveni T. Tsyganov in front of his La-5 number "40". The inscription says "Ot kolkhoznikov i kolkhoznits Gorkovskoj oblasti" (From the kolkhoz workers in Gorki area). Tsyganov was decorated as HSU on Jan. 22, 1944 when serving as squadron vice-commander in the 4 Gv.IAP, KBF. He scored a total of 24 aerial victories.

(Ylhäällä) Mustanmeren Laivaston 9. HävLeR:n ohjaaja Jurij Shtshipov LaGG-3 -koneessaan "43". Koneessa on kahdeksan ilmavoitto-tähteä sekä Shtshipovin henkilökohtainen "Leijonansydän"-tunnus. (Alhaalla) Kapt. Jevgenij T. Tsyganov La-5 -koneensa "40" edessä. Koneessa teksti "Ot kolhoznikov i kolkhoniz Gor'kovskoi oblasti" (Gorkij-alueen kolhoosityöläisiltä). Tsyganov nimitettiin Neuvostoliiton Sankariksi 22.1.1944 Itämeren Laivaston 4. Kaart-HävLeR:n laivueen varapäällikkönä. Hän saavutti 24 ilmavoittoa.

LaGG-3s (obletchenniy, lightened) of the 9 IAP, Black Sea Fleet in Novorossijsk area in spring 1944. In May 1944 this regiment was transferred to the Baltic Fleet as part of the 11 ShAD and subsequently took part in the major attacks against the Finnish forces on the Carelian Isthmus in June 1944.

Mustanmeren Laivaston 9. HävLeR:n LaGG-3 -koneita Novorossijs-kin alueella keväällä 1944. Tämä rykmentti siirrettiin toukokuussa 1944 Itämeren Laivastoon 11. MaatstLeD:n osana ja se osallistui sittemmin Suomea vastaan tehtyyn suurhyökkäykseen Karjalan kannaksella kesäkuussa 1944.

(Page 24 and top) LaGG-3 series 1 aircraft numbers "14" and "25" of the 44 IAP at Leningrad front in autumn 1941. (Centre) LaGG-3 series 4 number "35" of the 44 IAP at the Leningrad late in 1941. (Bottom) LaGG-3 (lightened) inscribed in Georgian "Soviet Georgia" was captured by the JG 52 of Luftwaffe in the Kuban area in summer 1943. The Georgian SSR collected funds to equip one squadron of the 88 IAP.

(Sivu 24 ja ylhäällä) 44. HävLeR:n LaGG-3 sarja 1 -koneet numero "14" ja "25" Leningradin rintamalla syksyllä 1941. (Keskellä) Leningradin rintaman 44. HävLeR:n LaGG-3 tyyppi 4 numero "35". (Alhaalla) Tämä LaGG-3 (kevennetty) joutui saksalaisten sotasaaliiksi Kubanin alueella kesällä 1943. Koneen kylkeen on kirjoitettu gruusian kielellä "Neuvosto Gruusia". Varat tämän koneen hankintaan kerättiin Gruusian Neuvostotasavallasta ja kone luovutettiin keväällä 1943 88. HävLeR:lle.

(Top) Capt. I.A. Kaberov of the 3 Gv.IAP, KBF taking off in his
LaGG-3 series 35 number "59" east of Lake Ladoga in winter 1942-
43. Kaberov was awarded the Golden Star on July 24, 1943 after 8
personal and 18 shared victories. (Bottom) LaGG-3 series 35 num-
ber "52" was flown by Sgt. T.S. Zhuchkov of the 3 Gv.IAP, KBF. He
was made HSU on March 6, 1945 after 10 personal and 11 shared
victories.

(Ylhäällä) Itämeren Laivaston 3. KaartHävLeR:n kapt. I.A. Kaberov
starttaa LaGG-3 -koneellaan numero "59" Laatokan itärannalla tal-
vella 1942-43. Kaberov nimitettiin Neuvostoliiton Sankariksi 24.
heinäkuuta 1943 397 sotalennon, 92 ilmataistelun sekä 8 henkilö-
kohtaisen ja 18 jaetun ilmavoiton jälkeen. (Alhaalla) Numero "52"
oli 3. KaartHävLeR:n kers. T.S. Zhutshkovin nimikko. Hän saavutti
tällä LaGG-3 -koneella viisi ilmavoittoa. Hänet nimitettiin Neuvos-
toliiton Sankariksi 6. maaliskuuta 1945 237 sotalennon, 31 ilmatais-
telun sekä 10 henkilökohtaisen ja 11 jaetun ilmavoiton jälkeen.

LaGG-3 number "64" of the 3 Gv.IAP, KBF east of Lake Ladoga in winter 1942-43.

Itämeren Laivaston 3. KaartHävLeR:n LaGG-3 -kone numero "64" Laatokan itärannalla talvella 1942-43.

(Centre) Capt. S.I. Lvov of the 3 Gv.IAP, KBF flew LaGG-3 series 35 number "30". He was made HSU on July 24, 1943 after 6 personal and 22 shared victories. (Bottom) LaGG-3 series 3 number "46" carrying the Guard´s emblem.

(Keskellä) Itämeren Laivaston 3. KaartHävLeR:n kapt. S.I. Lvovin kone LaGG-3 sarja 35 numero "30". Lvov nimitettiin Neuvostoliiton Sankariksi 24. heinäkuuta 1943 280 sotalennon, 98 ilmataistelun sekä 6 henkilökohtaisen ja 22 jaetun ilmavoiton jälkeen. (Alhaalla) LaGG-3 sarja 1 numero "46". Koneessa Kaartin tunnus.

Snr.Lt. S.N. Bychkov (left) and two fellow pilots of the 4 Gv.IAP in front of LaG-5 number "99" in Leningrad area in July 1943.

(Ylhäällä) Yliltn. S.N. Bychkov (vas.) ja kaksi muuta 4. Kaart-HävLeR:n lentäjää LaG-5 -koneen numero "99" edessä Leningradin alueella heinäkuussa 1943.

(Centre) LaG-5 number "66" of the 159 IAP operating on the Carelian Isthmus during summer 1944. The inscription reads "Eskadrilya Valeri Chkalov". The funds for the aircraft of this squadron were raised by the Kolkhoz workers in Gorki area. (Bottom) LaG-5F number "20" of the 21 IAP landing in summer 1944.

(Keskellä) 159. HävLeR:n "Valerij Tshkalov" -nimisen laivueen LaG-5 -kone numero "66" Karjalan kannaksella kesällä 1944. Varat tämän laivueen lentokoneiden hankintaan kerättiin Gorkij-alueen kolhoosityöläisten keskuudesta. (Alhaalla) 21. HävLeR:n LaG-5F numero "20" laskeutuu kesällä 1944.

(Top) La-5 number "91" of the 3 Gv.IAP, KBF taking off from Lavansaari in the Gulf of Finland in summer 1944. (Centre) La-5FN number "15" of the 159 IAP in Leningrad area in summer 1944. Capt. P.J. Likholetov piloted this aircraft inscribed "Za Vaska i Zhoru" (For Vasek and Zhora). Likholetov was decorated as HSU on Feb. 2, 1944. He gained a total of 25 personal and 5 shared aerial victories. (Bottom) La-5F number "92" of Snr.Lt. I.S. Kravtsov of the 3 Gv.IAP, KBF in Tallinn, Estonia in 1945. The inscription says "With this aircraft Hero of the Soviet Union Guards Captain Kravtsov shot down 31 enemy aircraft when defending the city of Lenin". Kravtsov was made HSU on July 22, 1944 and had 15 personal and 4 shared victories.

(Ylhäällä) Itämeren Laivaston 3. KaartHävLeR:n La-5 numero "91" starttaa Lavansaarelta kesällä 1944. (Keskellä) 159. HävLeR:n kapt. P.J. Likholetovin La-5FN -kone "Za Vaska i Zhoru" (Vasekin ja Zhoran puolesta) Leningradin alueella kesällä 1944. Likholetov nimitettiin Neuvostoliiton Sankariksi 4.2.1944. Hän saavutti 25 henkilökohtaista ja 5 jaettua ilmavoittoa. (Alhaalla) Itämeren Laivaston 3. KaartHävLeR:n yliltn. I.S. Kravtsovin La-5F numero "92" Tallinnassa kesällä 1945. Koneessa on Kaartin tunnus ja Punatähden kunniamerkki sekä teksti: "Tällä koneella Neuvostoliiton Sankari Kaartinkapteeni Kravtsov pudotti 31 vihollis-konetta puolustettaessa Leninin kaupunkia." Yliltn. Kravtsov nimitettiin Neuvostoliiton Sankariksi 22. heinäkuuta 1944 315 sotalennon, 85 ilmataistelun sekä 15 henkilökohtaisen ja 4 jaetun ilmavoiton jälkeen.

The Soviet top ace Capt. Ivan N. Kozhedub in his La-5FN aircraft inscribed "Ot kolkhoznika Konyeva" (From the kolkhoze-worker Konyev). Kozhedub scored a total of 62 personal victories (incl. one Me 262 jet) during 330 missions and 120 combats. He was awarded the Golden Star three times: on Feb. 4, 1944 as Snr.Lt. and squadron commander of 240 IAP, on Aug. 19, 1944 as Capt. and deputy commander of the 176 Gv.IAP and as Major on Aug. 18, 1945.

Neuvostoliiton kärkiässä kapt. I.N. Kozhedub La-5FN -koneessaan, jossa kirjoitus "Kolhoosityöläinen Konjevilta". Kozhedub saavutti 62 ilmavoittoa (sisältäen yhden Me 262:n) 330 sotalennolla ja 120 ilmataistelussa. Hänet nimitettiin kolmesti Neuvostoliiton Sankariksi: 4.2.1944 yliltn. ja 240. HävLeR:n laivueen komentajana, 19.8.1944 kapt. ja 176. KaartHävLeR:n varakomentajana ja lopuksi 18.8.1945 majurina.

(Top) Maj. A.V. Alelyukhin of the 9 Gv.IAP in front of his La-7 inscribed "Alekseyu Alelyukhinu ot kollektiva tresta No. 41 N.K.A.P." (To Aleksei Alelyukhin from the collective of factory No. 41 of the People´s Commissariate of Aviation Industry). Alelyukhin was made HSU on Aug. 24, 1943 and Nov. 1, 1943. He crored a total of 40 personal and 17 shared victories. (Centre) Capt. I.P. Pavlov of the 137 Gv.IAP at his La-5F in summer 1944. Below the cockpit are eight victory markers and eagle emblem. (Bottom) Capt. G.P. Kuz´min of the 239 IAP at his La-5F with 26 victory stars. Kuz´min scored 21 personal and 7 shared victories. He was HSU on April 28, 1943 and was killed in action on Aug. 18, 1943.

(Ylhäällä) 9. KaartHävLeR:n kaksinkertainen Neuvostoliiton Sankari maj. A.V. Aleljukhin La-7 -koneensa edessä, jossa teksti "Aleksei Aleljukhinille Ilmailuteollisuuden kansankomissariaatin tehtaan No. 41 kollektiivilta". Aleljukhinista tuli Neuvostoliiton Sankari 24.8.1943 ja 1.11.1943. Hän saavutti 600 lennolla ja 258 ilmataistelussa 40 henkilökohtaista ja 17 jaettua ilmavoittoa. (Keskellä) 137. KaartHävLeR:n ohjaaja kapt. I.P. Pavlov ja hänen La-5F -koneensa, jossa on kahdeksan voitonmerkkiä ja kotka-tunnus. (Alhaalla) 239. HävLeR:n ohjaaja kapt. G.P. Kuz'min ja hänen La-5F -koneensa, jossa on 26 voitonmerkkiä. Kuz'min saavutti 21 henkilökohtaista ja 7 jaettua ilmavoittoa. Kuz'min kaatui 18.8.1943 saatuaan sitä ennen kultaisen ansiotähden 28.4.1943.

(Top) La-5 FN number "36" of the 159 IAP of the 13th Air Army in Leningrad area in summer 1944. (Centre) La-5F number "66" of the 21 IAP in summer 1944.

(Ylhäällä) 13. Ilma-armeijan 159. HävLeR:n La-5FN -kone numero "36" Leningradin alueella vuonna 1944. (Keskellä) 21. HÄvLeR:n La-5F numero "66" kesällä 1944.

(Bottom) La-7 number "27" flown by the triple-HSU Ivan S. Kozhedub in the aviation museum named after Frunze in the early 1950s. The aircraft is marked with three Golden Stars and 62 victory stars beneath the cockpit.

(Alhaalla) Kolminkertaisen Neuvostoliiton Sankarin Ivan S. Kozhedubin La-7 numero "27" Frunzelle nimetyssä ilmailumuseossa 1950-luvun alussa. Koneen rungossa kolme "Kultaista tähteä" sekä 62 voitontähteä.

Lavochkin La-5 number "17" of the 3 Gv.IAP, KBF taking off at La-
vansaari in summer 1944.

Itämeren Laivaston 3. KaartHävLeR:n Lavotshkin La-5 numero
"17" Lavansaaressa kesällä 1944.

(Centre) Field modification by 1 Air Depot in Leningrad of La-5
number "100" into a two-seater La-5UTI in 1945. (Bottom) La-
vochkin La-7 fighter number "20" of the 303 IAD in 1945.

(Keskellä) La-5:stä numero "100" tuli kenttämuunnoksen jälkeen
kaksipaikkainen La-5UTI. (Alhaalla) Lavotshkin La-7 -hävittäjä nu-
mero "20" vuonna 1945.

LaG-5 number "15" of Capt. Georgi D. Kostylev in the Museum of Defence of Leningrad in 1945. The aircraft bears 38 victory stars, the Guards' emblem with unusual wording "Slava" (Glory), the unique dragon's mouth and the Golden Star on the fin.

Kapt. Georgii D. Kostylevin LaG-5 -kone numero "15" Leningradin Puolustuksen Museossa vuonna 1945. Koneessa on 38 voitontähteä, Kaartin tunnus harvinaisella tekstillä "Slava" (Kunnia), pyrstössä Neuvostoliiton Sankarin "Kultainen tähti" sekä nokassa ainutlaatuinen "lohikäärmeen kita".

Capt. Kostylev of the 3 Gv.IAP, KBF in front of his La-5 with 36 victory marks. He was made HSU on Oct. 23, 1942 and scored a total of 11 personal and 32 shared victories on 418 missions. (Centre) Col. V.F. Golubev, Commander of the 4 Gv. IAP, Baltic Fleet at his La-5FN in 1945. He scored 39 personal victories and was decorated with the Golden Star on Oct. 23, 1942. (Bottom) Capt. Vladimir I. Popkov in front of his La-5 number "01" with 33 victory markings. Popkov was made HSU on Sep. 8, 1943 and the second time on June 27, 1945 as squadron commander of the 5 Gv.IAP having achieved 41 aerial victories.

(Ylhäällä) Itämeren Laivaston 3. KaartHävLeR:n lentueen päällikkö kapt. Kostylev nimitettiin Neuvostoliiton Sankariksi 23.10.1942 . Hän suoritti yhteensä 418 sotalentoa sekä saavutti 11 henkilökohtaista ja 32 jaettua ilmavoittoa. Kostylevin takana La-5 -kone, jossa 36 voitonmerkkiä. (Keskellä) Itämeren Laivaston 4. KaartHävLeR:n komentaja ev. V.F. Golubev La-5FN -koneensa luona 1945. Hän saavutti 39 ilmavoittoa ja sai Kultaisen tähden 23.10.1942. (Alhaalla) Kapt. Vladimir I. Popkov La-5 -koneensa "01" edessä. Koneessa on 33 ilmavoiton tähteä. Popkov nimitettiin Neuvostoliiton Sankariksi 8.9.1943 sekä toisen kerran 5. KaartHävLeR:n päällikkönä 27.6.1945 saavuttuaan 41 ilmavoittoa.

(Top and centre) Yakovlev Yak-1s (lightened) fighters of the Baltic Fleet air force in 1943. (Bottom) Yak-1 belonging to the Baltic Fleet taking off in Leningrad area in summer 1942.

(Ylhäällä ja keskellä) Itämeren Laivaston Jakovlev Jak-1 (kevennetty) -hävittäjiä vuonna 1943. (Alhaalla) Itämeren Laivaston Jak-1 -hävittäjä starttaa lennolle Leningradin alueella kesällä 1943.

(Top) Yak-9T number "66" equipped with 37 mm cannon shooting through the propeller shaft. The type was used on anti-tank missions. (Centre) Yak-7Bs of the 3 IAK (Fighter Aviation Corps), donated by kolkhoze-workers of the Bashikirian ASSR, at Kuban in May 1943 fighting against the JG 52 of Luftwaffe. The winged star was the corps emblem.

(Ylhäällä) Jak-9 -koneita valmistumassa panssarien torjuntalennolle. Edessä Jak-9T numero "66" varustettuna potkurin akselin läpi ampuvalla 37 mm pst-tykillä. (Keskellä) 3. HävLeAK:n Jak-7B -koneita Kubanissa toukokuussa 1943, missä yksikkö taisteli JG 52:ta vastaan. Koneet oli hankittu Bashkirianin kolhoosityöläisten keräämillä varoilla. Siivekäs tähti oli 3. HävLeAK:n tunnus.

(Bottom) Orders are given to the cadets of the Naval Air Force Academy named after Stalin in front of a line of Yak-9 fighters in 1943 at the Black Sea. The foremost aicraft has number "09" on fuselage and "75" on rudder.

(Alhaalla) Käskynjakotilaisuus Sotalaivaston J. Stalinille nimetyn Ilmasotakoulun Jak-9:n rivistön edessä kesällä 1943. Ensimmäisessä koneessa rungossa numero "09" ja pyrstössä numero "75".

Yak-9D fighters of the 6 Gv.IAP, Black Sea Fleet in June 1944 after the liberation of Crimea. The Guards emblem and the Order of the Red Banner are on the cowling on number "22"", which was probably piloted by Snr.Lt. M.I. Grib. He was made HSU on Oct. 23, 1942 and scored 10 victories in 250 missions. Number "31" was flown by Lt. V. Voronov.

Mustanmeren Laivaston 6. KaartHävLeR:n Jak-9D -koneita Krimin vapautuksen jälkeen kesäkuussa 1944. Koneessa "22" näkyy Kaartin tunnus ja Punalipun kunniamerkki. Koneella "22" lentää yliltn. M.I. Grib (Neuvostoliiton Sankari 23.10.1942 250 sotalennon, 56 ilmataistelun ja 10 ilmavoiton jäl- keen), ja koneella "31" lentää ltn. V. Voronov.

(Top) The commander of the 6 Gv.IAP, ChF Lt.Col. Mikhail V. Avdeyev at the tail of his Yak-1 (lightened). (Centre and bottom) Yak-9D of Lt.Col. Avdeyev seen at Adler in the Crimea in summer 1944. The aircraft carries Avdeyev´s personal "Eagle" emblem and 15 victory stars on the tail. Avdeyev was made HSU on June 14, 1942.

(Ylhäällä) Mustanmeren Laivaston 6. KaartHävLeR:n komentaja evl. Mihail V. Avdejev Jak-1 (kevennetty) -koneen pyrstön luona. (Keskellä ja alhaalla) Avdejevin Jak-9D Adlerin kentällä Krimillä kesällä 1944. Koneessa on "kotka"-tunnus ja pyrstössä 15 voitontähteä. Avdejev nimitettiin Neuvostoliiton Sankariksi 14.6.1942.

(Top) Yak-9 number "18" (c/n 12153-18) of the 29 Gv.IAP made a forced landing in south-eastern Finland at Särkijärvi on Aug. 30, 1944. (Bottom) Yak-9DD aircraft of the 236 IAD at Bari, Italy in autumn 1944. These escorted USAF B-17 Flying Fortress bombers to targets in Roumania on shuttle missions between Bari and Poltava in Ukraine.

(Ylhäällä) 29. KaartHävLeR:n Jak-9 -kone numero "18" (c/n 12153-18) teki pakkolaskun Kaakkois-Suomeen Särkijärvelle 30. elokuuta 1944. (Alhaalla) Jak-9DD -koneita Barissa Italiassa. Koneet saattoivat sukkulalennoilla Barin ja Ukrainan Pultavan välillä USAF:n B-17 Flying Fortress -koneita, jotka pommittivat Romaniaa vuoden 1944 syksyllä.

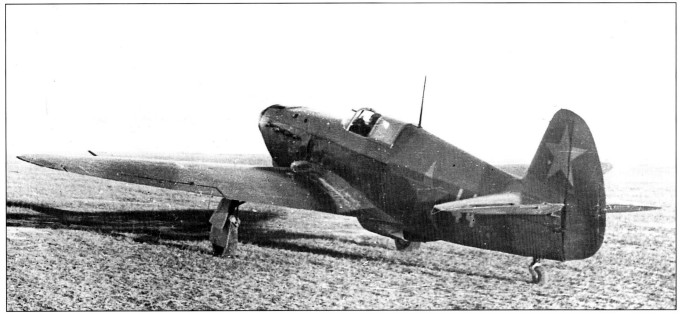

Yak-1 number "44" of the 586 IAP being flown by female ace Lt. Lilya Litvyak. She scored six victories at Stalingrad before being killed in action on Aug. 1, 1943.

(Ylhäällä) 586. HävLeR:n Jak-1 -kone numero "44". Koneen ohjaaja, naispuolinen hävittäjä-ässä ltn. Lilya Litvyak saavutti 6 ilmavoittoa Stalingradissa ennenkuin sai surmansa taistelussa 1. elokuuta 1943.

(Centre) Yak-1 of the 8 IAP, Black Sea Fleet piloted by Lt. L.K. Vatolkin in Sevastopol area in spring 1942. (Bottom) Yakovlev Yak-3U fighter in 1945.

(Keskellä) Mustanmeren Laivaston 8. HävLeR:n Jak-1 -kone, ohjaajana ltn. L.K. Vatolkin, Sevastopolin alueella keväällä 1942. (Alhaalla) Jakovlev Jak-3U -hävittäjä vuonna 1945.

These Yak-7 fighters were acquired with funds collected in Khabarovsk area in 1942. The inscriptions read "Novosibirskij Komsomol", number "7" "Komsomol Kuzbassa" and number "5" "Komsomol Kolymy". The banner on the fuselage star on the nearest aircraft has the wordings "KIM" for the Communist Youth International.

Habarovskin alueelta kerätyillä varoilla hankittuja Jak-7-koneita. Edessä olevassa koneessa on teksti "Novosibirskij Komsomol", seuraavassa "Komsomol Kuzbassa" ja kolmannessa koneessa "Komsomol Kolyma". Runkotunnuksessa olevassa lipussa on kirjaimet "KIM" (Kommunistinen nuorisointernationaali).

(Top) Capt. V.T. Kalmykov of the 14 Gv.IAP in front of his Yak-9 at Leningrad front in 1943. The inscription is "Za ro-dinu - ot narodnoy artiski SSSR Korchaginoy-Aleksandrovskoy" (For the fatherland - from the People's artist of the USSR Korchagina-Aleksandrovskaya). (Centre) Yak-7 of double-HSU Petr A. Pokryshev of the 159 IAP exhibited in the Museum of Defence of Leningrad ln 1945. The fuselage carries the Guards emblem and 30 victory stars. (Bottom) Yak-7B number "34" of the 29 Gv.IAP at Leningrad front in spring 1943.

(Ylhäällä) 14. KaartHävLeR:n varakomentaja kapt. V.T. Kal-mykov Jak-9 -koneensa edessä Leningradin rintamalla vuonna 1943. Koneessa on kirjoitus "Isänmaan puolesta - SNTL:n kansantaiteilija Kortshagina Aleksandrovskajalta". (Keskel-lä) Kaksinkertaisen Neuvostolii-ton Sankarin Petr A. Pokryshe-vin (159. HävLeR) Jak-7 -kone Leningradin Puolustuksen Mu-seossa vuonna 1945. Koneessa on 30 voitontähteä ja Kaartin tunnus. (Alhaalla) 29. Kaart-HävLeR:n Jak-7B -kone numero "34" Leningradin rintamalla keväällä 1943.

(Top) Lt. N.A. Karnachenok of the 434 IAP at his Yak-7B in 1942 in Stalingrad area. On Nov. 21, 1942 Karnachenok was awarded the Golden Star. (Centre) Fighter pilot V.T. Gugridze in his Yak-9 in Polotsk area in Byelo-Russia in June 1944. The inscriptions read "Za brata Shota" (For brother Shota) and (on the arrow) "Na zapad" (To the west). (Bottom) Capt. A.V. Chirkov of the 29 Gv.IAP, Leningrad front at his Yak-7B number "14". Behind the cockpit is the Guards emblem. Chirkov was made HSU on Feb. 4, 1944 and scored 29 personal and 9 shared aerial victories.

(Ylhäällä) Stalingradin alueella toimivan 434. HävLeR:n ltn. N.A. Karnatshenok syksyllä 1942. Karnatshenok nimitettiin Neuvostoliiton Sankariksi 21.11.1942. (Keskellä) Hävittäjälentäjä V. Gugridze Jak-9 -koneessaan Polotskin alueella Valko-Venäjällä kesäkuussa 1944. Koneessa teksti "Za brata Shota" (Shota-veljen puolesta) ja "Na zapad" (Länteen). (Alhaalla) 29. KaartHävLeR:n kapt. A.V. Tshirkov lähdössä lennolle Jak-7B -koneellaan numero "14" Leningradin rintamalle keväällä 1943. Koneen rungossa Kaartin tunnus. Tshirkov nimitettiin Neuvostoliiton Sankariksi 4.2.1944. Hän saavutti 29 henkilökohtaista ja 9 jaettua ilmavoittoa 420 sotalennolla.

(Top) Fighter pilot S.I. Plesha-kov in 1943 in front of his Yak-1 bearing the inscription "Gro-za fashizmu" (Avenge to the fascists). (Centre) Fighter pilot A.I. Vybornov of the 728 IAP in 1944 in front of his Yak-9 with inscription "Kashirskiy shkol-nik" (Pupil of Kashir). Vybornov was made HSU on June 27, 1945 after more than 20 victo-ries. (Bottom) Snr.Lt. V.F. Koro-bov of the 34 IAP, Moscow PVO at the tail of his Yak number "8". He gained 18 aerial victo-ries.

(Ylhäällä) Hävittäjälentäja S.I. Pleshakov vuonna 1943 Jak-1 -koneensa edessä. Koneessa on teksti "Kauhu fasismille" (Kes-kellä) 728. HävLeR:n kapt. A.I. Vybornov vuonna 1944 Jak-9 -koneensa edessä. Koneessa on teksti "Kashirin koululainen". Vybornov nimitettiin Neuvosto-liiton Sankariksi 27.6.1945 saa-vutettuaan ainakin 20 ilmavoit-toa. (Alhaalla) Moskovan Ilma-puolustuksen (PVO) 34. Häv-LeR:n ohjaaja yliltn. V.F. Koro-bov Jak-koneensa numero "8" edessä. Korobov saavutti 18 il-mavoittoa Moskovan alueella.

(Top and centre) Yak-9Ms of the 976 IAP, the 1st Baltic front in March 1944. Tactical numbers are unusually high. Number "925" was flown by Snr.Lt. I.P. Simashev.

(Ylhäällä ja keskellä) 1. Baltian rintaman 976. HävLeR:n Jak-9M -koneita maaliskuussa 1944. Koneissa poikkeuksellisen suuret runkonumerot. Yliltn. I.P. Simashev ohjaa konetta numero "925".

(Bottom) Two-seater Yak-7 number "39" piloted by Capt. Merkulov of the 15 RAP (Reconnaissance Aviation Regiment), Baltic Fleet in Leningrad area on April 20, 1944.

(Alhaalla) Itämeren Laivaston 15. TiedLeR:n kaksipaikkainen Jak-7 -kone numero "39" Leningradin alueella 24.4.1944. Koneen ohjaaja kapt. Merkulov.

(Top) Yakovlev Yak-7V at the Kalinin front in February 1942. (Centre) Two-seater Yak-9UTI number "40" converted by Leningrad 1 Air Depot in winter 1944-45. (Bottom) Yak-7 two-seat trainer with fixed undercarriage at Tula in winter 1943-44.

(Ylhäällä) Jakovlev Jak-7V -kone Kalininin rintamalla helmikuussa 1942. (Keskellä) Kaksipaikkainen Jak-9UTI numero "40" talvella 1944-1945. (Alhaalla) Kaksipaikkainen Jak-7 Tulassa talvella 1943-44. Koneessa on kiinteät laskutelineet.

(Top) Yak-3 number "12" of the "Normandie-Niemen" -regiment in summer 1945. Behind is number "00" belonging to the commander L. Delfino. (Centre) The French Lt. Gaston de Saint-Marceaux (left) with Soviet mechanics at his Yak-9 number "19" at Dubrovka near Smolensk in spring 1944. (Bottom) Yak-3 number "8" of the "Normandie-Niemen" IAP in summer 1945. The cross of Lorraine is on the fin.

(Ylhäällä) "Normandie-Niemen" rykmentin Jak-3 -kone numero "12" kesällä 1945. Takana yksikön komentajan L. Delfinon kone "00". (Keskellä) Ranskalainen ltn. Gaston de Saint-Marceaux (vas.) venäläisten mekaanikkojen kanssa Dubrovkassa, Smolenskin lähellä keväällä 1944. Kone on Jak-9 numero "19". (Alhaalla) "Normandie-Niemen" rykmentin Jak-3 numero "8". Koneen pyrstössä Lothringenin risti.

(Top) Yak-3 number "24" of the "Normandie-Niemen" -regiment being re-fuelled in autumn 1944. (Centre) Yak-9 number "6" flown by Lt. Marcel Albert. There are 18 victory crosses behind the cockpit. Albert was made HSU on Nov. 27, 1944. (Bottom) Yak-3 number "24" in spring 1945. The "Normandie-Niemen" -regiment was formed of French volunteer pilots and belonged to the 303 IAD during 1943-45.

(Ylhäällä) "Normandie-Niemen" rykmentin Jak-3 -kone numero "24" tankattavana. (Keskellä) Ltn. Marcel Albertin Jak-9 numero "6". Ohjaamon takana on 18 ristiä ilmavoittojen merkkinä. Albert nimitettiin Neuvostoliiton Sankariksi 27.11.1944. (Alhaalla) Jak-3 -kone numero "24". "Normandie-Niemen" oli ranskalaisista vapaaehtoisista lentäjistä muodostettu yksikkö, joka kuului vuosina 1943-45 Neuvostoliiton ilmavoimien 303 HävLeD:aan.

(Top) Maj.Gen. A.A. Kuznetsov, Commander of the Northern Fleet air force, in Hawker Hurricane IIB number "01" (RAF serial Z5252) at Murmansk in October 1941. The aircraft had just been handed over by RAF 81 Squadron to the Soviets. On Dec. 6, 1949 Kuznetsov was awarded the Golden Star. (Centre) Hurricane IIB number "46" (ex-RAF BG910) after forced landing. (Bottom) Hurricane II number "16" of the Northern Fleet in summer 1942.

(Ylhäällä) Pohjoisen Laivaston ilmavoimien komentaja kenr.maj. A.A. Kuznetsov Hawker Hurricane IIB -koneessa "01" (RAF:n sarjanumero Z5252). Koneen on RAF:n 81. Squadron juuri luovuttanut Neuvostoliitolle Muurmanskissa lokakuussa 1941. Kenr. Kuznetsov nimitettiin Neuvostoliiton Sankariksi 6.12.1949. (Keskellä) Mahalaskun tehnyt Hurricane IIB numero "46". Koneen RAF:n sarjanumero BG910. (Alhaalla) Pohjoisen Laivaston Hurricane II numero "16" vuonna 1942.

(Top) Hurricane II number "14" of the Northern Fleet in summer 1942. (Centre) Hurricane IIB number "60" (ex-RAF BM959) near Tiiksjärvi air base in East Carelia on April 6, 1942. Probably flown by Sub.Lt. Ivan Babanin of the 609 IAP. Inscription above the star on port side reads "Za rodinu" (For the fatherland) and starboard side "Za Stalina" (For Stalin). A wolf was painted on the tail. (Bottom) Capt. Vasili S. Adonkin of the 78 IAP, SF with his Hurricane II number "80" on June 20, 1943. Adonkin was made HSU on Jan. 22, 1944 and scored 16 personal and 6 shared victories being killed in action March 17, 1944.

(Ylhäällä) Pohjoisen Laivaston Hurricane II numero "14" vuonna 1942. (Keskellä) Hurricane IIB numero "60" (RAF:n tunnus BM959) Tiiksjärvellä Itä-Karjalassa 6. huhtikuuta 1942. Runkotähden päällä lukee oikealla puolella "Stalinin puolesta" ja vasemmalla "Isänmaan puolesta). Pyrstöön on maalattu harmaa susi. Ohjaajana oli todennäköisesti 609. HävLeR:n aliltn. Ivan Babanin. (Alhaalla) Pohjoisen Laivaston 78. Häv.LeR:n 2. laivueen päällikkö, kapt. Vasilij S. Adonkin Hurricane II -koneensa numero "80" edessä 20.6.1943. Koneessa on 11 voitontähteä. Adonkin nimitettiin Neuvostoliiton Sankariksi 22.1.1944. Hän saavutti 16 henkilökohtaista ja 6 jaettua ilmavoittoa ennenkuin kaatui ilmataistelussa 17.3.1944.

Supermarine Spitfire VB fighters being prepared for delivery to the Soviet Union at Abadan, Iran in 1943. Serial numbers AD236, BL625, BM185 and EP495.

Supermarine Spitfire VB -koneita valmistellaan toimitettaviksi Neuvostoliittoon Abadanissa, Iranissa vuonna 1943. Koneiden sarjanumerot AD236, BL625, BM185 ja EP495.

(Top) Spitfire L.F. IX -fighters and personnel of the 26 Gv.IAP of the Leningrad Air Defence (PVO) in April 1945. The Guards emblem is behind the cockpit. (Centre) Clipped-wing Spitfire L.F. IXE at the Soviet Air Force Research Institute (NII VVS) in 1945. A total of 1188 Spitfire IXs were delivered to the USSR in 1944-45. (Bottom) Commander of the 26 Gv.IAP, V.A. Matsiyevich in front of his Spitfire IX. He was made HSU on Feb. 14, 1943.

(Ylhäällä) Leningradin Ilmapuolustuksen (PVO) 26. Kaart-HävLeR:n Spitfire L.F. IX -konerivistö ja henkilöstöä huhtikuussa 1945. Koneissa ohjaamon takana Kaartin tunnus. (Keskellä) Lyhytsiipinen Spitfire L.F. IXE Neuvostoliiton Ilmavoimien Tutkimuslaitoksella (NII VVS) vuonna 1945. Kaikkiaan 1188 Spitfire IX -konetta toimitettiin Neuvostoliittoon vuosina 1944-45. (Alhaalla) 26. Kaart-HävLeR:n komentaja V.A. Matsijevitsh Spitfire L.F. IX:n edessä. Hänet oli nimitetty Neuvostoliiton Sankariksi 14.2.1943 saavutettuaan 16 henkilökohtaista ja 6 jaettua ilmavoittoa.

(Top) Supermarine Spitfire VB number "65". A line of La-5FNs are in the background. (Centre) Spitfire P.R. IV number "01" being tested at the Soviet Air Force Research Institute (NII VVS). (Bottom) Spitfire IX "UTI" in 1945 after being modified by 1 Aircraft Depot in Leningrad.

(Ylhäällä) Supermarine Spitfire VB numero "65". Taustalla La-5 FN -rivistö. (Keskellä) Spitfire P.R. IV numero "01" kokeiltavana Ilmavoimien Tutkimuslaitoksessa. (Alhaalla) Spitfire MK. IX "UTI" Leningradin 1. Lentovarikolla tehdyn muunnostyön jälkeen vuonna 1945.

(Top) P-40M-5-CU number "281" (USAF s/n 43-5540) being tested at NII VVS. (Centre) P-40K "UTI" in 1945 after conversion by 1 Aircraft Depot in Leningrad. (Bottom) Curtiss P-40N Warhawk number "46" on display after the war.

Ylhäällä) P-40M-5CU numero "281" (s/n 43-5540) kokeiltavana Ilmavoimien Tutkimuslaitoksella. (Keskellä) P-40K "UTI" numero "34" Leningradin 1. Lentovarikon tehdyn muunnostyön jälkeen vuonna 1945. (Alhaalla) Curtiss P-40N -kone numero "46" sodan jälkeen.

(Top) A shark-mouth P-40M number "93" of the 191 IAP is being re-fuelled in late 1943. (Bottom) Curtiss P-40M-10-CU of the 191 IAP number "23" piloted by Sub.Lt. V.A. Ryevin made a forced landing on the Finnish side on the Carelian Isthmus on Dec. 27, 1943. It (s/n 43-5925) became subsequently KH-51 in the Finnish Air Force.

(Ylhäällä) 191. HävLeR:n P-40M -konetta huolletaan talvella 1943. Koneessa on "hainhammas" -maalaus. (Alhaalla) 191. HävLeR:n P-40M-10CU -kone numero "23" (s/n 43-5925) teki pakkolaskun Karjalan kannakselle 27.12.1943. Koneen ohjaajana oli aliltn. V.A. Rjevin. Kone korjattiin ja se lensi Suomen ilmavoimissa tunnuksella KH-51.

(Top) P-40M Warhawk number "99" of the 191 IAP at Leningrad area in winter 1943-44. (Centre) P-40Ks belonging to the 7 IAP of the Black Sea Fleet were used for long-range escort missions. The last aircraft carries a shark-mouth decoration. (Bottom) Curtiss P-40B Tomahawk number "75" of the 154 IAP taking off on a sortie in Leningrad area in 1942.

(Ylhäällä) 191. HävLeR:n P-40M Warhawk -kone numero "99" Leningradin alueella talvella 1943. (Keskellä) Mustanmeren Laivaston Ilmavoimien 7. Häv-LeR:n P-40K -koneita, joita käytettiin kaukosuojaustehtäviin. viimeisessä koneessa "hainkita" -maalaus. (Alhaalla) 154. Häv-LeR:n Curtiss P-40B Tomahawk numero "75" lähdössä sotalennolle Leningradin alueella vuonna 1942.

(Top) Fighter pilot N. Shevchenko of the 191 IAP at his Curtiss P-40K number "26" inscibed "Za rodinu" (For the fatherland) in Leningrad area winter 1943. (Centre) Fighter pilot G.F. Kuznetsov of the 436 IAP, SF is celebrating another victory at his P-40K Warhawk number "23". He received the Golden Star on May 1, 1943. (Bottom) Kittyhawk I number "12" of the Northern Fleet in 1942.

(Ylhäällä) 191. HävLeR:n lentäjä N. Shevtshenko metallinvärisen Warhawk-koneensa numero "26" edessä Leningradin alueella talvella 1943. Koneessa kirjoitus "Isänmaan puolesta". (Keskellä) 436. HävLeR:n ohjaaja G.F. Kuznetsov juhlii ilmavoittoaan P-40K Warhawk -koneensa numero "23" edessä. Hän sai Neuvostoliiton Sankarin arvon 1.5.43. (Alhaalla) Pohjoisen Laivaston Kittyhawk I -hävittäjä vuonna 1942.

(Top) Deputy squadron commander Capt. N.A. Zelenov of the 154 IAP on the wing of his P-40E Warhawk number "79" in Leningrad area in 1942. He was awarded the HSU on Feb. 10, 1943 and was killed in action on June 29, 1944 after scoring 24 personal and 10 shared victories. (Bottom) Maj. P.A. Pokryshev of the 154 IAP at his P-40E number "65" (displaying 15 victory stars) of the regiment commander Lt.Col. A. A. Matveyev in Leningrad area in 1942. Pokryshev was made HSU on Feb. 10, 1943 and for the second time as commander of the 159 IAP on Aug. 24, 1943. He scored a total of 22 personal and 7 shared aerial victoris.

(Ylhäällä) 154. HävLeR:n kapt. N.A. Zelenov Curtiss P-40E Warhawk -koneensa numero "79" siivellä Leningradin alueella vuonna 1942. Zelenov nimitettiin Neuvostoliiton Sankariksi 10.2.1943 ja hän kaatui 29.6.1944 saavutettuaan 24 henkilökohtaista ja 10 jaettua ilmavoittoa. (Alhaalla) 154. HävLeR:n maj. P.A. Pokryshev rykmentinkomentajan, evl. A. A. Matvejevin P-40E Warhawk -koneensa numero "65" edessä vuonna 1942. Koneessa on 15 voitontähteä. Pokryshev nimitettiin Neuvostoliiton Sankariksi 10.2.1943 ja toisen kerran 159. HävLeR:n komentajana 24.8.1943. Pokryshev saavutti yhteensä 22 henkilökohtaista ja 7 jaettua ilmavoittoa.

(Top) Mechanics working with an Airacobra of the 255 IAP of the Northern Fleet in 1944. (Bottom) Gun maintenance of a Bell P-39 Airacobra number "19" of the Black Sea Fleet in June 1944. The odd serial number 21953 is explained by a changed rudder.

(Ylhäällä) Mekaanikot työskentelevät Pohjoisen Laivaston 255. HävLeR:n Bell P-39 Airacobran parissa vuonna 1944. (Alhaalla) Mustanmeren Laivaston P-39 Airacobra numero "19" asehuollossa kesäkuussa 1944. USAF:n erikoinen sarjanumero 21953 johtuu vaihdetusta sivuperäsimestä.

(Top) Airacobra number "22" of the Northern Fleet taking off from a frozen lake in 1942. (Centre) P-39 Airacobra number "02" of the 255 IAP of the Northern Fleet. There are seven victory stars on the nose.

(Ylhäällä) Pohjoisen Laivaston Airacobra numero "22" starttaa jäätyneen järven jäältä vuonna 1942. (Keskellä) Pohjoisen Laivaston 255. HävLeR:n P-39 Airacobra numero "02". Koneen nokassa on seitsemän ilmavoittomerkkiä.

(Bottom) P-39N Airacobras of the 191 IAP of the 13 Air Army being serviced at the Leningrad front in summer 1944. Closest to the camera is aircraft number "24".

(Alhaalla) 13. Ilma-armeijan 191. HävLeR:n Airacobra -koneiden huoltoa Leningradin rintamalla kesällä 1944. Edessä on kone numero "24".

Maj. Aleksandr I. Pokryshkin, commander of the 16 Gv.IAP making notes in his flight diary at the wing of his Airacobra of his deputy, Capt. Grigoriy A. Rechkalov (HSU on May 24, 1943 and July 1, 1944) carrying 55 victory stars on the cowling.

16. KaartHävLeR:n komentaja maj. Aleksandr I. Pokryshkin tekee merkintöjä lentopäiväkirjaansa sijaisensa, kapt. G. A. Retshkalovin Airacobra -koneensa siivellä. Koneen nokassa on 55 ilmavoittomerkkiä.

Triple-HSU Lt. Col. A.I. Pokryshkin in front of his P-39N Airacobra number "100" equipped with a 20 mm cannon, He scored 59 personal victories on 600 missions and 145 combats and was awarded the Golden Star three times: May 24, 1943 as Capt. and squadron commander of the 16 Gv.IAP, Aug. 24, 1943 as Major and finally on Aug. 19, 1944 as Lt.Col. and commander of the 9 Guards IAD.

Kolminkertainen Neuvostoliiton Sankari evl. A.I. Pokryshkin 20 mm tykillä varustetun P-39N Airacobra -koneensa numero "100" edessä syksyllä 1944. Hän saavutti 59 ilmavoittoa 600 sotalennolla ja 145 ilmataistelussa. Pokryshkin nimitettiin Neuvostoliiton Sankariksi 24.5.1943 kapteenina ja 16. KaartHävLeR:n laivueen komentajana, 24.8.1943 majurina ja lopuksi 19.8.1944 everstiluutnanttina ja 9. KaartLeD:n komentajana.

Capt. P.I. Chepinoga in front of his P-39Q Airacobra dispalaying 24 victory marks. He was awarded the HSU on Oct. 26, 1944 as squadron commander of the 508 IAP.

Kapt. P.I. Tshepinoga P-39Q Airacobra -koneensa edessä, jossa on 24 ilmavoitontähteä. Tshepinoga nimitettiin Neuvostoliiton Sankariksi 26.10.44 508. HävLeR:n laivueen komentajana.

(Top) Maj. V.F. Sirotin, deputy commander of the 17 IAP, at his Bell P-39 Airacobra in spring 1945. He was made HSU on Feb. 23, 1945. On the door are 21 victory stars and an "eagle" emblem in front of it. (Bottom) Lt. Vladimir A. Burmatov of the 255 IAP, Northern Fleet photographed on July 16, 1943 after having shot down the German ace, Fw. Hans Döbrich (II/JG 5). The tenth victory star is being painted on Burmatov's P-39N Airacobra by Lt.Eng. G.A. Tonkonogaley. Burmatov was decorated as HSU on May 31, 1944 having scored 12 personal and one shared victory.

(Ylhäällä) 17. HävLeR:n varakomentaja maj. V.F. Sirotin Airacobra -koneensa edessä keväällä 1945. Hänet nimitettiin Neuvostoliiton Sankariksi 23.2.1945. Koneen ovessa on 21 ilmavoittomerkkiä ja rungossa kotka -tunnus. (Alhaalla) Pohjoisen Laivaston 255. Häv.LeR:n ltn. Vladimir A. Burmatov 16.7.1943 ammuttuaan alas saksalaisen ässän vääp. Hans Döbrichin (II/JG 5). Ins.ltn. G.A. Tonkonogalej maalaa 10. voitontähteä P-39N -koneeseen. Burmatov nimitettiin Neuvostoliiton Sankariksi 31.5.1944 saavutettuaan 12 henkilökohtaista ja yhden jaetun voiton.

(Top) In 1943 funds were raised in Krasnoyarsk area for acquisition of ten Airacobra fighters. Three planes were named "Krasnoyarskiy komsomolets" (Comsomol-member of Krasnoyarsk), four "Krasnoyarskiy rabotchiy" (Worker of Krasnoyarsk) and three "Krasnoyarskiy kolkhoznik" (Kolkhoze worker of Krasnoyarsk) and the aircraft were allocated to the 21 Gv.IAP of the North-West front. (Centre) Capt. I.V. Bochkov of the 19 Gv.IAP in front of his P-400 Airacobra number "16" in East Carelia in 1942. Bochkov was killed in action on April 4, 1943 and was posthumously awarded the Golden Star on May 1, 1943 having scored 7 personal and 32 shared victories. (Bottom) P-39Q Airacobra number "9" in summer 1945.

Krasnojarskin alueella vuonna 1943 kerätyillä varoilla hankittiin 10 Airacobraa 21. Kaart-HävLeR:lle. Kolmeen koneeseen maalattiin teksti "Krasnojarskin komsomoli", neljään "Krasnojarskin työläinen" ja kolmeen "Krasnojarskin kolhoosi". (Keskellä) 19. KaartHävLeR:n kapt. I.V. Botshkov P-400 Airacobransa numero "16" luona Itä-Karjalassa vuonna 1942. Botshkov kaatui 4.4.1943 ja sai Neuvostoliiton Sankarin arvon 1.5.43 saavutettuaan 7 henkilökohtaista ja 32 jaettua voittoa. (Alhaalla) P-39Q Airacobra numero "9" kesällä 1945.

(Top) Snr.Lt. O.V. Zyuzin of the 11 Gv.IAP of the Black Sea Fleet in Bell P-39 Airacobra with 15 victory stars and letter "W". Zyuzin was made HSU on May 16, 1944. (Centre) Lt.Col. N.G. Sobolev commanding the 21 Gv.IAP in front of an Airacobra donated by the female kolkhoze-worker K.S. Shumkova in 1943. The inscription reads "Krasnoyarskiy komsomolets" (Komsomol-member of Krasnoyarsk).

(Ylhäällä) Mustanmeren Laivaston 11. KaartHävLeR:n yliltn. D.V. Zjuzin Airacobrassaan, jossa on 15 voitonmerkkiä ja "W" -tunnus. Zjuzin sai Neuvostoliiton Sankarin arvon 16.5.1944. (Keskellä) 21. KaartHävLeR:n evl. N.G. Sobolev lahjavaroilla hankitun Airacobran edessä vuonna 1943. Tekstinä on "Krasnojarskin komsomolilainen - hankittu kolhoosityöläisnaisen K.S. Shumkovan säästöillä kaartin evl. Soboleville".

(Pages 66 and 67 bottom) Squadron commander Capt. A.D. Bilyukin of the 196 IAP in his Airacobra "Aleksandr Nevskiy" number "53" in May 1944. Bilyukin scored 20 aerial victories and received to Golden Star on Nov. 2, 1944.

(Top) Bell P-63A Kingcobra number "32" in 1945. (Centre) Fighter pilots N.I. Proshenkov and V.N. Yakimov of the 21 Gv.IAP on front of the unit´s Airacobras in June 1943. The inscriptions read "Krasnoyarskiy kolkhoznik" (Kolkhoze-worker of Krasnoyarsk) and "Krasnoyarskiy rabochiy" (Worker of Krasnoyarsk).

(Ylhäällä) Bell P-63A Kingcobra numero "32" vuonna 1945. (Keskellä) Ohjaajat N.I. Proshenkov ja V.N. Jakimov 21. KaartHävLeR:n Airacobrien edessä. Koneissa lukee "Krasnojarskin kolhoosilainen" ja "Krasnojarskin työläinen".

(Sivut 66 ja 67 alhaalla) 196. HävLeR:n laivueenkomentaja kapt. A.D. Biljukin Airacobrassaan toukokuussa 1944. Koneessa on kirjoitus "Aleksandr Nevski" ja numero "53". Biljukin saavutti 20 ilmavoittoa ja nimitettiin Neuvostoliiton Sankariksi 2.11.1944.

(Page 68 and top) Most of the P-63 Kingcobras were delivered via the long "Alsib" (Alaska-Siberia) in arctic conditions. P-63A-8-BE Kingcobra (s/n 42-69239) is seen at Fairbanks in Alaska. (Centre) P-63C-5-BE (s/n 43-11133) during an intermediate stop on the Alsib route. (Bottom) A two-seater TP-39 Airacobra being tested at the Air Force Research Institute (NII VVS).

(Sivu 68 ja ylhäällä) Valtaosa Kingcobrista toimitettiin pitkää "Alaska-Siperia" -reittiä myöten. P-63A-8-BE sarjanumero 42-69239 on Fairbanksissa, Alaskassa. (Keskellä) P-63C-5-BE Kingcobra numero 43-11133 välilaskulla Alsib -reitillä. (Alhaalla) Ilmavoimien tutkimuslaitoksessa (NII VVS) kokeiltavana oleva kaksipaikkainen TP-39 Airacobra.

(Top) One of the few North American NA-73 Mustang Is (ex-RAF AG348) delivered to the USSR. (Bottom) Republic P-47D-27-RE Thunderbolt awaits delivery to the USSR. The Thunderbolts were used at the end of the war in the Northern and Baltic Fleets.

(Ylhäällä) Yksi harvoista Neuvostoliiittoon toimitetuista Mustangeista, entinen RAF:n sarjanumerolla AG348 oli North Americanin tyyppiä NA-73. (Alhaalla) Republic P-47D-27-RE Thunderbolt odottaa toimitusta Neuvostoliittoon. Sarjanumero on 42-27062. Thunderbolt-koneet olivat käytössä mm. Pohjoisen ja Itämeren laivastojen ilmavoimissa sodan loppuvaiheessa.

(Top) Messerschmitt Bf 109G-2 being tested at the "LII" in April 1943. Werke Nummer 14513 had belonged to JG 3 earlier. (Centre) Messerschmitt Bf 109G-2/R6 number "2" was captured in Stalingrad area early in 1943. (Bottom) A Focke Wulf Fw 190D-9 being tested at NII VVS in 1945.

(Ylhäällä) Messerschmitt Bf 109G-2 kokeiltavana "LII":ssä huhtikuussa 1943. W.Nr. 14513 oli kuulunut aiemmin JG 3:lle. (Keskellä) Messerschmitt Bf 109G-2/R6 saatiin sotasaaliiksi Stalingradin alueelta vuoden 1943 alussa ja peräsimeen maalattiin numero "2". (Alhaalla) Focke Wulf Fw 190D-9 kokeiltavana ilmavoimien tutkimuslaitoksessa vuonna 1945.

(Top) Even totally obsolete two-engined Tupolev TB-1 bombers were used in limited numbers at the beginning of the Great Patriotic War. Float-equipped number "4" in photographed in the early 1930´s. (Bottom) This Tupolev TB-3 made a forced landing during the Finnish-Soviet Winter War while on a supply mission to the besieged 54 Division at Kuhmo in north-eastern Finland. The picture in taken on March 14, 1940.

(Ylhäällä) Vanhentuneita kaksi-moottorisia Tupolev TB-1 -koneuita käytettiin pienessä määrin Suuren Isänmaallisen Sodan alussa. Kellukkeilla varustettu numero "4" 1930-luvun alussa. (Alhaalla) Tämä Tupolev TB-3, joka oli suorittamassa huoltokuljetuksia 54. divisioonalle jäi suomalaisten käsiin Kuhmossa. Kuva on otettu 14.3.1940.

(Top) An SB-2M100 of the 10 ABr of the Pacific Fleet (TOF) is being prepared for a mission in September 1941. (Bottom) During the Finnish-Soviet Winter War eight repairable SB bombers were taken as war booty. The first one in the Finnish Air Force was coded VP-10 and is seen at the State Aircraft Factory in spring 1940.

(Ylhäällä) Tyynenmeren Laivaston 10. LePr:n SB-2M100 -koneen lähtövalmisteluja syyskuussa 1941. (Alhaalla) Talvisodassa saatiin sotasaaliina 8 kunnostuskelpoista SB-konetta. Suomalainen SB-kone tunnuksella VP-10 Tampereella Valtion Lentokonetehtaalla keväällä 1940.

(Top) On Dec. 1, 1939 the Finnish fighters shot down this SB-2M100 number "9" of the 41 BAP (Bomber Aviation Regiment) at Imatra in south-eastern Finland. (Centre) An SB-2M100 of the Northern Fleet during winter 1941-42. There are two aerial mines in the wing racks.

(Ylhäällä) Suomalaiset hävittäjät ampuivat alas 41. Pommituslento-rykmentin (PLeR) SB-2M100 pommittajan numero "9" 1.12.1939 Imatralla. (Keskellä) Pohjoisen Laivaston SB-2M100 -kone talvella 1941-42. Siipiripustimissa on miinat.

(Bottom) An SB-2M103 number "2" captured by the Germans in summer 1941.

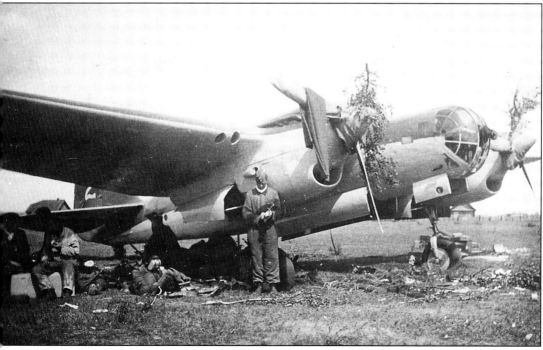

(Alhaalla) SB-2M103 numero "2" saksalaisten sotasaaliina kesällä 1941.

(Top) SB-2M103 number "3" in flight in 1940. National insignia is painted also on the upper surfaces of the wings. (Bottom) SB-2M103 of the 1 Gv.MTAP (Mine Torpedo Aviation Regiment), Baltic Fleet being loaded with liquid phosphorus VAP bombs in 1943.

(Ylhäällä) SB-2M103 -kone numero "3" lennolla vuonna 1940. Koneessa on kansallisuustunnukset myös siipien yläpuolella. (Alhaalla) Itämeren Laivaston 1. Kaartin Miinatorpedolentorykmentin (KaartMTLeR) SB-2M103 -konetta varustetaan nestemäistä forforia sisältävillä VAP -tyyppisillä palopommeilla vuonna 1943.

Two Arkhangelskiy Ar-2 divebombers numbers "3" and "4" captured by the Germans in Ukraine in summer 1941.

Kaksi saksalaisten sotasaaliiksi saamaa Arhangelskij Ar-2 syöksypommituskonetta numerot "3" ja "4" Ukrainassa kesällä 1941.

(Top) Aircraft of a long-range bomber regiment. In front is a Yermolayev Yer-2 and behind Ilyushin Il-4s. (Bottom) A Yer-2 long-range bomber number "1".

(Ylhäällä) Kaukotoimintaan tarkoitetun pommituslentorykmentin koneita. Etualalla Jermolajev Jer-2 ja taustalla Iljushin Il-4 -koneita. (Alhaalla) Jer-2 -tyyppinen kaukopommituskone numero "1".

(Top) An Ilyushin DB-3 bomber of the 1 Gv.MTAP in winter camouflage on Feb. 20, 1943. (Bottom) DB-3 number "14" made a forced landing in the Winter War in 1940.

(Ylhäällä) Itämeren Laivaston 1. KaartMTLeR:n Iljushin DB-3 -kone talvimaalauksessa 20.2.1943. (Alhaalla) DB-3 -kone numero "14" teki Talvisodassa pakkolaskun vuonna 1940.

DB-3 number "15" of the 45 DBAP (Long-range Bomber Aviation Regiment) run out of fuel and landed on ice at Hauho in southern Finland on Jan. 29, 1940. It served later in the Finnish Air Force as VP-101.

45. KaukoPLeR:n DB-3 -kone numero "15" laski polttoaineen loputtua Hauhonjärven jäälle 29.1.1940. Koneesta tuli myöhemmin Suomen ilmavoimien VP-101.

(Centre) DB-3 number "10" of 1 MTAP, Baltic Fleet piloted by Capt. A.T. Drozdov in 1941. (Bottom) DB-3 of 1 MTAP, KBF is being loaded with a 1000 kg mine for attacks against enemy shipping in 1941.

(Keskellä) Itämeren Laivaston 1. MTLeR:n kapt. A.T. Drozdovin DB-3 -kone numero "10" vuonna 1941. (Alhaalla) 1000 kg:n miinaa tuodaan Itämeren Laivaston 1. MTLeR:n DB-3 -koneeseen vuonna 1941.

(Top) Il-4 number "2" piloted by Capt. Mergunov of the 1 MTAD of the Black Sea Fleet bound to attack the harbour of Constanta in March 1943. (Bottom) Il-4 number "4" of the 119 MRAP (Naval Reconnaissance Aviation Regiment), of the Black Sea Fleet in June 1943. Half a year later this unit became 119 DBAP.

(Ylhäällä) Mustanmeren Laivaston 1. MTLeD:n kapt. Mergunovin Iljushin Il-4 -kone numero "2" hyökkäyslennolla Konstanzan satamaan maaliskuussa 1943. (Alhaalla) Mustanmeren Laivaston 119. Meritiedustelulentorykmentin (MeriTiedLeR) Il-4 -kone numero "4" kesäkuussa 1943. Joulukuussa 1943 tästä yksiköstä tuli 119. KaukoPLeR.

(Top) Il-4 number "37" of the 1 Gv.MTAP of the Baltic Fleet in winter camouflage in December 1942.

(Ylhäällä) Itämeren Laivaston 1. KaartMTLeR:n Il-4 -kone numero "37" talvimaalauksessa joulukuussa 1942.

(Top) An Il-4 number "11" captured by the Germans. (Bottom) Il-4 number "7" with M-88B engines in 1941. This aircraft belonged to the Baltic Fleet.

(Keskellä) Saksalaisten sotasaaliiksi saama Il-4 -kone numero "11". (Alhaalla) Itämeren Laivaston Il-4 -kone numero "7" talvella 1941-42. Koneessa on M-88 -moottorit.

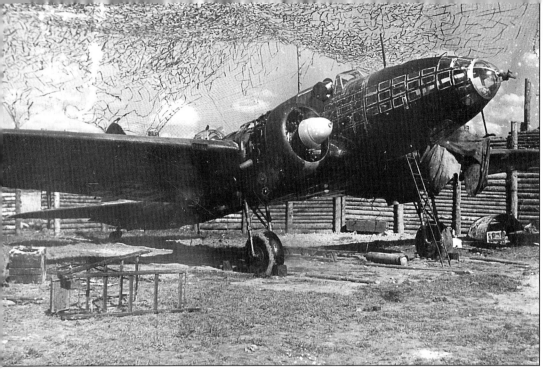

(Top) Il-4 revving up the starboard M-87 engine in a selter under camouflage netting. (Centre) Il-4 of an ADD (Long-range Aviation) regiment. Number "114" is unusually high. (Bottom) Il-4 number "14" of a guards regiment in the ADD. The guards emblem is on the fuselage.

(Ylhäällä) Naamioidussa sirpalesuojassa oleva Iljushin Il-4 -kone moottorin koekäytössä. (Keskellä) Kaukotoimintarykmentin Il-4 -kone, jossa on epätavallisen korkea numero "114" peräsimessä. (Alhaalla) Kaukotoimintailmavoimien (ADD) kaartin rykmentin Il-4 -kone numero "14".

(Top) A mine-carrying Il-4 being readied for take-off. Engines are M-88s. (Centre) Il-4 number "3" flown by Capt. A.A. Zaitsev of a guards regiment of the Black Sea Fleet is being prepared for a mission. (Bottom) Mechanics checking the trim operating rods of Il-4 number "61".

(Ylhäällä) Miinaa kuljettavaa Il-4 -konetta valmistellaan lähtöön. Koneessa on M-88 -moottorit. (Keskellä) Mustanmeren Laivaston Kaartin LeR:n kapt. A.A. Zaitsevin Il-4 -konetta numero "3" valmistellaan lennolle. Vasemmalla perämies kapt. M.A. Zilin tutkimassa karttaa. (Alhaalla) Mekaanikot tarkastavat Il-4 -koneen numero "61" trimmien työntötankoja.

85

(Top) Briefing before take-off in front of a naval Il-4. (Centre) The crew of Lt. P.S. Skatov of the 2 AP, Black Sea Fleet reading Stalin´s famous speech of July 3, 1941 in front of Il-4 with inscription "Za Stalina!" (For Stalin!). Skatov was killed in action on Sep. 17, 1941 near Odessa. (Bottom) The crew of Maj. A.E. Matrosov of the 3 AP DD on the wing of their Il-4 with inscription "Groza" (Avenge).

(Ylhäällä) Tehtävänjako laivaston Il-4 -koneen edessä. (Keskellä) Mustanmeren Laivaston 2. LeR:n ltn. P.S. Skatovin miehistö lukemassa Stalinin kuuluisaa puhetta 3.7.1941 Il-4 -koneensa edessä, jossa lukee "Stalinin puolesta!". Skatov kaatui 17.9.1941 sotalennolla Odessan alueella. (Alhaalla) Kaukotoimintailmavoimien (ADD) 4. LeR:n maj. A.E. Matrosovin miehistö Il-4 -koneen siivellä. Koneessa on teksti "Kosto".

84

(Top) Guards Major Krasnukhin being congratulated after his 200th missions by Guards Major A.E. Matrosov in front of an Il-4 of the 6 Gv.AP DD. Matrosov was made HSU on March 25, 1943. (Bottom) An unidentified Hero of Soviet Union in front of his Il-4 bomber.

(Ylhäällä) Kaartin majuri, Neuvostoliiton Sankari A.E. Matrosov onnittelee maj. Krasnuhinia hänen 200. sotalennon johdosta ADD:n 6. KaartLeR:n Il-4 -koneen edessä. Matrosov sai Neuvostoliiton Sankarin arvon 25.3.1943. (Alhaalla) Tunnistamaton Neuvostoliiton Sankari Il-4 -koneensa edessä.

(Top) Petlyakov Pe-2 series 359 number "16" of the Baltic Fleet in autumn 1944. (Centre) Pe-2 number "18" at landing. (Bottom) Pe-2 series 179 number "15" of the 73 BAP of the Baltic Fleet in February 1942.

(Ylhäällä) Itämeren Laivaston Pe-2 sarja 359 -syöksypommituskone numero "16" syksyllä 1944. (Keskellä) Petljakov Pe-2 numero "18" laskussa. (Alhaalla) Itämeren Laivaston 73. PLeR:n Pe-2 sarja 179 -kone numero "15" helmikuussa 1942.

(Top) Pe-2 number "3" of 208 RAP during winter 1941-42 piloted by the unit´s commander A.E. Ostayev, who was awarded the HSU on March 21, 1940 serving with 58 SBAP and was killed in action on Jan. 7, 1942. (Centre) Pe-2 series 359 of 140 BAP, 13th Air Army flown by the regiment commander Lt.Col. G.T. Grechukhin over Estonia in September 1944. The fin bears the marking "K" for commander. (Bottom) Pe-2 series 205 number "2" of the 140 BAP over Estonia in September 1944. On nose there is a "bear" emblem.

(Ylhäällä) 208. TiedLeR:n Pe-2 -kone numero "3" talvella 1941-42. Ohjaajana oli rykemntin komentaja A.E. Ostajev, joka sai Neuvostoliiton Sankarin arvon 21.3.1940 lentäessään 58. PikaPLeR:ssä. Hän kaatui 7.1.1942. (Keskellä) 140. PLeR:n komentajan evl. G.T. Gretshuhin Pe-2 sarja 359 -kone tunnuksella "K" Viron yläpuolella syyskuussa 1944. (Alhaalla) 140. PLeR:n Pe-2 sarja 205 -kone numero "2", jossa on karhu -tunnus, syyskuussa 1944 Viron yläpuolella.

(Top) Snr.Lt. N.D. Panasov in front of his Pe-2 number "26" with the inscription "Leningrad-Köningsberg" on Aug. 15, 1945. (Bottom) Bomber pilot Ilya Presnyakov at his Pe-2 number "3" in Kursk during summer 1943. The inscription says "Vpered na zapad" (Forwards to the west).

(Ylhäällä) Yliltn. N.D. Panasov Pe-2 -koneensa numero "26" edessä elokuussa 1945. Koneessa on teksti "Leningrad-Königsberg". (Alhaalla) Ohjaaja Ilja Presnjakov Pe-2 -koneen numero "3" edessä Kurskissa kesällä 1943. Kirjoituksessa lukee "Kohti länttä".

(Top) Capt. A.P. Malin (left) of the 140 BAP in front of his Pe-2 with the "bomb-carrying bear" emblem in Tallinn, Estonia in September 1944. Malin was decorated with the HSU on June 29, 1945 after 196 missions. (Centre) Pe-2 of the "Leningrad" squadron of the 34 Gv.BAP with it´s crew. (Bottom) Capt. A.K. Tkatchenko in front of his Pe-2 with inscription "Za Leningrad" (For Leningrad). Tkatchenko was awarded the Golden Star on Feb. 23, 1945 as squadron commander of the 13 RAP.

(Ylhäällä) 13. Ilma-armeijan 140. PLeR:n kapt. A.P. Malin koneensa edessä Tallinnassa syyskuussa 1944. Nokassa on karhu -tunnus. Malin nimetettiin Neuvostoliiton Sankariksi 29.6.1945 suoritettuaan 196 sotalentoa. (Keskellä) 34. KaartPLeR:n "Leningrad" -laivueen Pe-2 -kone miehistöineen. (Alhaalla) Kapt. A.K. Tkatshenko Pe-2 -koneensa edessä, jossa on teksti "Leningradin puolesta". Tkatshenko sai Neuvostoliiton Sankarin arvon 23.2.1945 13. TiedLeR:n laivueen komentajana.

(Top) Pe-2 series 179 number "5" of a Guards regiment. The guards emblem is on the nose. (Centre) A Pe-2 series 110 dive bomber being rolled into a temporary shelter. (Bottom) Pe-2 number "43" is being bombed up.

(Ylhäällä) Kaartin ryukmentin Petljakov Pe-2 sarja 179 -kone numero "5". (Keskellä) Pe-2 sarja 110 -syöksypommittaja numero "3" työnnetään suojaan. (Alhaalla) Pe-2 -kone numero "43" saa pommitäydennystä.

(Top) Pe-2 number "1" of the 12 Gv.BAP of the Baltic Fleet in June 1944. (Centre) Pe-2 series 359 at the Leningrad front during spring 1944. (Bottom) Pe-2 series 205 number "29" of Lt.Col. I.E. Korzunov commanding the 40 AP of the Black Sea Fleet. The nose has the Order of the Red Banner. Korzunov was made HSU on July 24, 1943.

(Ylhäällä) Itämeren Laivaston 12. KaartSyöksyPLeR:n Pe-2 -kone numero "1" kesäkuussa 1944. (Keskellä) Pe-2 sarja 359 -kone numero "12" Leningradin rintamalla keväällä 1944. (Alhaalla) Mustanmeren Laivaston 40. LeR:n evl. I.E. Korzunovin Pe-2 sarja 205 -kone numero "29". Koneen nokassa on Punalipun kunniamerkki. Korzunov sai Neuvostoliiton Sankarin arvon 24.7.1943.

Pe-2 series 205 number "01" of Lt.Col. Vasili I. Rakov (at left) commanding the 12 Gv.PAP of the Baltic Fleet during summer 1944. The aircraft has Kremlin star insignia and the guards emblem on the nose. Rakov was warded the HSU on Feb. 7, 1940 and for the second time on July 22, 1944 having led the operation where the German anti-aircraft cruiser "Niobe" was sunk in the port of Kotka in souhern Finland on July 16, 1944. Rakov flew a total of 170 missions.

Itämeren Laivaston 12. Kaart-SyöksyPLeR:n komentaja kaksinkertainen Neuvostoliiton Sankari evl. V.I. Rakov ja hänen Pe-2 sarja 205 -koneensa numero "01" kesällä 1944. Koneessa on Kremlin tähdet ja kaartin tunnus. Rakov sai Neuvostoliiton Sankarin arvon 7.2.1940 ja toisen kerran 22.7.1944 johtaessaan operaatiota, jossa upotettiin saksalainen it-risteilijä "Niobe" Kotkan satamassa 16.7.1944. Rakov teki yhteensä 170 sotalentoa.

(Top) Pe-2 with the Golden Star, crocodile mouth and text "Sledobysh" (Follow Dobysh) painted on the nose. Col. P.I. Dobysh commanded the 1 Gv.BAD. (Bottom) Regiment mechanics in front of a Pe-2 of the 1 Gv.BAD. There is a crocodile painted on the fuselage with the guards emblem amd inscription "Zabajkalskiy komsomolets" (Komsomol-member of the Transbajkal area) in honour of the sponsors of the aircraft.

(Ylhäällä) Pe-2 sarja 359 -kone, jonka nokassa on Kulainen Tähti, krokotiilin kita ja teksti, jonka sisältö on sanaleikki "Seuraa Dobyshiä". Potkurin navoissa on tähdet. (Alhaalla) Rykmentin mekaanikot 1. KaartLeD:n Pe-2 sarja 359 -koneen edessä. Koneen runkoon on maalattu krokotiili, kaartin tunnus ja teksti "Baikalin-takaisen alueen komsomolilainen".

Capt. A.P. Krupin of the 96 Gv.BAP in front of his Pe-2 dive bomber in 1945. The aircraft is decorated with the Guards emblem, the Defence of Stalingrad medal, the Order of the Red Banner and the Order of Kutuzov. Krupin was awarded the HSU on May 1, 1943.

96. KaartPLeR:n kapt. A.P. Krupin Pe-2 -syöksupommituskoneensa edessä vuonna 1945. Koneesa on kaartin tunnus, Stalingradin puolustuksen mitali, Punalipun kunniamerkki ja Kutuzovin kunniamerkki. Krupin sai Neuvostoliiton Sankarin arvon 1.5.1943.

(Top) Pilots of the 140 BAP of the Baltic Fleet in Estonia during autumn 1944 in front of a Pe-2. (Bottom) The crew of Lt. Ovsyannikov photographed in August 1945. With this Pe-2 they performed 107 missions at the Leningrad front. Below the cockpit are three Orders of the Red Banner.

(Ylhäällä) 140. PLeR:n lentäjiä Pe-2 -koneen edessä Virossa syksyllä 1944. (Alhaalla) Ltn. Ovsjannikovin miehistö suoritti 107 sotalentoa Leningradin rintamalla Pe-2 -koneella, jonka nokassa on kolme Punalipun kunniamerkkiä. Kuva on otettu elokuussa 1945.

95

(Top) Tupolev Tu-2 number "6" participating over Moscow in the parade on Aviation Day Aug. 18, 1945. (Bottom) Tu-2 aircraft numbers "32" and "31" of the "Moskva" regiment during summer 1944.

(Ylhäällä) Tupolev Tu-2 -kone numero "6" Neuvostoilmavoimien vuosipäivänä 18.8.1945. (Alhaalla) "Moskva" -rykmentin Tu-2 -pommittajia numerot "32" ja "31" kesällä 1944.

(Top) Petlyakov Pe-8 number "60" of 746 AP DD piloted by E.S. Pusep (HSU June 20, 1942) in Washington DC, USA in June 1942. This aircraft brought Foreign Minister V.M. Molotov to negotiate with President T.R. Roosevelt. The aircraft took off from Moscow on May 19, 1942 to Dundee in Scotland and continued to the United States via Iceland and returned the same route on June 13, 1942. (Bottom) The rear turret of the Pe-8 armed with a 20 mm ShVAK cannon.

(Ylhäällä) Petljakov Pe-8 numero "60" raskas pommikone Washingtonissa kesäkuussa 1942. Kone toi ulkoministerin V.M. Molotovin neuvotteluihin presidentti T. Rooseveltin kanssa. Kone lähti Moskovasta 19.5.1942 Skotlantiin Dundeen lentotukikohtaan ja jatkoi Yhdysvaltoihin Islannin kautta. Se palasi Moskovaan samaa reittiä 13.6.1942. (Alhaalla) Pe-8:n taka-ampumo varustettuna 20 mm ShVAK -tykillä.

Ilyushin Il-2 "Shturmovik" ground-attack aircraft numbers "8", "19" and "7" of the 174 ShAP (Assault Aviation Regiment) of the Leningrad front in winter 1941-42.

Leningradin rintaman 174. Maataistelulentorykmentin (MaatstLeR) Iljushin Il-2 "Shturmovik" -maataistelukoneita numerot "8", "19" ja "7" talvella 1941-42.

(Top) Il-2 number "24" of the Black Sea Fleet. The inscription of the fuselage reds "Za chest´ gvardii!" (For the honour of the Guard!). There are three victory star on the fin. (Bottom) Il-2 of the 281 ShAD of the Leningrad front in 1944. The nearest aircraft has numbers "66" and "17" and a "heart" emblem.

(Ylhäällä) Mustanmeren Laivaston IL-2 -kone numero "24", jonka rungossa on teksti "Kaartin kunniaksi" ja kolme ilmavoittotähteä sivuvakaajassa. (Alhaalla) Leningradin rintaman Il-2 -koneita vuonna 1944. Etummaisessa koneessa on sydän -tunnus ja numerot "66" ja "17".

(Top) Ilyushin Il-2 number "12" taking off for a mission. (Centre) To honour the 25th anniversary of the revolutionary V.I. Chapayev thirteen Il-2s were acquired with funds collected among the inhabitants of Chapayenok near Kuibyshev. The aircraft were correspondingly inscribed "Chapayevtsy" (Chapayevian).

(Ylhäällä) Iljushin Il-2 -kone numero "12" starttaa sotalennolle. (Keskellä) Tsapajenokin asukkaat Kuibyshevin läheltä lahjoittivat varat 13 Il-2 -koneen hankintyaan. Koneesiin maalattiin teksti "Tsapajeviläiset" vallankumouksellisen V.I. Tsapajevin mukaan.

(Bottom) The Order of Suvorov is being awarded to the 281 ShAD at Tartu, Estonia in October 1944. The nearest aircraft has numbers "02" and "21".

(Alhaalla) Suvorovin kunniamerkki luovutetaan 281. MaatstLeD:lle Tartossa, Virossa lokakuussa 1944. Edessä on Il-2 -kone, jossa on numerot "02" ja "21".

(Top) Il-2 number "94" of Capt. G.M. Parshin of the 943 ShAP at the Carelian Isthmus during summer 1944. Parshin flew over 100 missions with this plane. (Centre) Ilyushin Il-2 number "15". (Bottom) Il-2 assault aircraft, closest to camera is number "482".

(Ylhäällä) 943. MaatstLeR:n kapt. G.M. Parshinin Il-2 -kone numero "94", jolla hän teki yli 100 sotalentoa. Kuva on otettu Karjalan Kannaksella kesällä 1944. (Keskellä) Iljushin Il-2 -kone numero "15". (Alhaalla) Il-2 -maataistelukoneita. Edessä on kone numero "482".

(Top) Il-2m3 number "07" of the 566 ShAP of the Leningrad front during summer 1944. The inscription reads "Mest´ za Khristenko" (Avenge for Khristenko) behind the star and "Za Leningrad" (For Leningrad) in front of it with the city skyline. (Bottom) Double-HSU V.I. Mykhlik, squadron commander of the 566 ShAP in front of his Il-2 number "17" with the "Za Leningrad" emblem. He was awarded the first HSU on Feb. 23, 1945 and the second on June 29, 1945 having flow 187 missions.

(Ylhäällä) Leningradin rintaman 566. MaatstLeR:n Il-2m3 -kone numero "07" kesällä 1944. Koneessa on tunnuksen takana teksti "Kosto Hristenkon puolesta" ja edessä "Leningradin puolesta" sekä kaupungin silhuetti. (Alhaalla) 566. MaatstLeR:n laivueenkomentaja kaksinkertainen Neuvostoliiton Sankari kapt. V.I. Myhlik Il-2 -koneensa numero "17" edessä. Koneessa on "Leningradin puolesta" -tunnus. Myhlik sai Neuvostoliiton Sankarin arvon 23.2.1945 ja toisen kerran 29.6.1945 suoritettuaan 187 sotalentoa.

(Top) Capt. G.M. Parshin of the 943 ShAP is thanking P.V. Baronova and her daughter, who donated funds to finance the Il-2 number "94" inscribed "Mest´ Barynovykh" (Avenge of the Barynovs). Parshin was made HSU on Aug. 19, 1944 and on 19 April, 1945 after completing 204 missions. (Bottom) Assault pilot I.F. Pavlov of the 6 Gv.OShAP in front of his Il-2 with the inscription "Zemlyaku Geroyu sovetskogo soyuza t. Pavlovu ot trudyashchikshya g. Kustanaj." (To the compatriot Hero of the Soviet Union comrade Pavlov from the workers of the city of Kustanaj.). Pavlov was made HSU on Feb. 4, 1944 and Feb. 23, 1945 and flew 204 missions.

(Ylhäällä) 943. MaatstLeR:n kapt. G.M. Parshin kiittä P.V. Barynovaa ja hänen tytärtään, jotka lahjoittivat varat "Barynovien kosto" -nimisen Il-2 -koneen numero "94" hankintaan. Parshin nimitettiin Neuvostoliiton Sankariksi 19.8.1944 ja toisen kerran 19.4.1945 suoritettuaan 243 sotalentoa. (Alhaalla) 6. KaartErMaastsLeR:n ohjaaja kaksinkertainen Neuvostoliiton Sankari I.F. Pavlov Il-2 -koneensa edessä, jossa lukee "Kustanain kaupungin työläisiltä Neuvostoliiton Sankari maanmies Pavloville". Pavlov sai Kutaisen Tähden 4.2.1944 ja toisen kerran 23.2.1945 suoritettuaan 204 sotalentoa.

(Top) Magnificent air-to-air shot of a two-seater Il-2. (Centre) Il-2 number "1" of the 6 Gv.OShAP being flown by the double-HSU I.F. Pavlov at the Kalinin front. There is an "eagle" emblem on the fin. (Bottom) A single-seater Il-2 number "6" of a regiment commanded by Maj. Borodin in Stalingrad area in January 1943.

(Ylhäällä) Kaksipaikkainen Il-2m3 -maataistelukone lennossa. (Keskellä) 6. KaartErMaatst-LeR:n kaksinkertaisen Neuvostoliiton Sankarin I.F. Pavlovin Il-2 -kone numero "1", jonka vakaajassa on kotka -tunnus. (Alhaalla) Maj. Borodinin komentaman rykmentin yksi-paikkainen Il-2 -kone numero "6" Stalingradin alueella tammikuussa 1943.

(Top) A flight of Il-2s of the 6 Gv.OShAP in August 1944. Number "28" is foremost. (Bottom) Winter-camouflaged single-seat Il-2s at the Leningrad front in winter 1943. The nearest plane is number "7".

(Ylhäällä) 6. KaartErMaatstLeR:n Il-2 -koneita lennolla elokuussa 1944. Edessä on kone numero "28". (Alhaalla) Talvimaalattuja yksipaikkaisia Il-2 -koneita Leningradin rintamalla. Edessä on kone numero "7".

(Top) A single-seat Il-2 ground-attack aircraft number "82" bearing the inscription "Valeriy Chkalov".

(Ylhäällä) Yksipaikkainen Iljushin Il-2 -maataistelukone numero "82", jonka rungossa on kirjotus "Valeri Tshkalov".

(Centre) Il-2 number "29" with it´s crew.

(Keskellä) Kaksipaikkainen Il-2 -kone numero "29" miehistöineen.

(Bottom) Il-2 assault planes on skis. In front is number "6" about to take off. The aileron mass-balances extend beyond the wing leading edge.

(Centre) Il-2 number "15" of Lt.Col. N.I. Svitenko commanding the 15 Gv.ShAP. The inscription reads "Shchelkovskiy shturmovik" (Groundfighter of Shchelkovo). Svitenko was made HSU on Feb. 10, 1943 as squadron commander of the 7 IAP after 5 personal and 7 shared aerial victories.

(Keskellä) 15. KaartMaatstLeR:n komentaja evl. N.I. Svitenko selittää taistelutehtävää ampujalleen Leningradin rintamalla vuonna 1944. Hänen koneessaan numero "15" on teksti "Stselkovskin rynnäkkölentäjä". Svitenko sai Neuvostoliiton Sankarin arvon 10.2.1943 laivueenkomentajana 7. HävLeR:ssä 5 henkilökohtaisen ja 7 jaetun ilmavoiton jälkeen.

(Alhaalla) Suksilla varustettuja Il-2 -koneita. Edessä kone numero "6", jonka siiven kärjessä näkyy selvästi siivekkeen massavastapaino.

(Top) Assault pilot A. Gabajdulin of the 949 ShAP in front of his Il-2 in August 1944. (Centre) Sub.Lt. S. Khalayev of the 335 ShAP at his Il-2 number "30" with the inscription "Za Anatoliya Blinova!" (For Anatoliy Blinov!) in August 1944. (Bottom) Maj. V.A. Alekseyenko of the 15 Gv.ShAP in summer 1945 in front of his Ilyushin Il-10 decorated with the Guards emblem and two Golden Stars. Alekseyenko was awarded the HSU on April 19, 1945 and the second time on June 29, 1945 after 292 missions.

(Ylhäällä) 949. MaatstLeR:n ohjaaja A. Gabajdulin Il-2 -koneensa edessä elokuussa 1944. (Keskellä) 335. MaatstLeR:n aliltn. S. Khalajev Il-2 -koneensa numero "30" edessä, jossa om kirjoitus "Anatoli Blinovin puolesta" aseveljeyden muistoksi. Kuva on otettu elokuussa 1944. (Alhaalla) 15. KaartMaatstLeR:n maj. V.A. Aleksenko kesällä 1945 Iljushin Il-10 -koneensa numero "5" edessä. Aleksenko nimitettiin Neuvostoliiton Sankariksi 19.4.1945 ja toisen kerran 29.6.1945 suoritettuaan 292 sotalentoa.

(Top) Il-2 number "100" of Capt. V.B. Yemelyanenko of the 7 Gv.ShAP. He was awarded the HSU on April 13, 1944 and his plane carries the Guards and "Merry tune" emblem. (Centre) Col. N.V. Chelnokov commanding the 8 Gv.ShAP of the Black Sea Fleet in front of his Il-2 number "27" with the inscription "Za Zheniyu Lobanova" (For Zheniya Lobanova) in 1943. Chelnokov was decorated with the HSU on June 14, 1942 and the second time on Aug. 19, 1944 and flew altogether 227 missions. (Bottom) Lt. V.T. Aleksukhin and his gunner A.D. Gatyunov of the 617 ShAP in their Il-2 (c/n 1877653) inscribed "Aleksandr Suvorov" with the Suvorov emblem on the fin. Aleksukhin was killed on Dec. 15, 1943 and posthumously made HSU on Feb. 4, 1944 after 76 missions.

(Ylhäällä) 7. KaartMaatstLeR:n kapt. V.B. Jemeljanenko Il-2 - koneessaan numero "100", jossa on kaartin tunnus ja nuotit. Jemeljanenko sai Neuvostoliiton Sankarin arvon 13.4.1944. (Keskellä) Ev. N.E. Tshelnokov, Mustanmeren Laivaston 8. KaartMaatstLeR:n komentaja Il-2 -koneensa numero "27" edessä vuonna 1943. Koneessa on teksti "Zhenja Lobanovin puolesta". Tshelnokov sai Neuvostoliiton Sankarin arvon 14.6.1942 ja toisen kerran 19.8.1944 suorittaen 227 sotalentoa. (Alhaalla) 617. MaatstLeR:n ltn. V.T. Aleksuhin ja kk-ampuja A.D. Gatajunov Il-2 -koneessaan (c/n 1877653) vuonna 1943. Koneessa on teksti "Aleksandr Suvorov" ja vakaajassa Suvorovin kuva. Aleksuhin kaatui 15.12.1943 ja sai Neuvostoliiton Sankarin arvon kuolemansa
jälkeen 4.2.1944.

(Top) Handley Page Hampden I number "30" of Capt. A.Z. Stoyanov of the 24 MTAP, Northern Fleet is being armed with a torpedo in late 1942. 23 Hampdens were handed over by RAF 144 and 455 Squadrons on Oct. 12, 1942. (Centre) In 1943 fourteen Armstrong Whitworth Albemarle Is were donated by England to the Soviet Union, where they were used by the Naval air forces as transports.

(Ylhäällä) Pohjoisen Laivaston 24. MTLeR:n kapt. A.A. Stojanovin Handley Page Hampden I -torpedokonetta numero "30" valmistellaan lähtöön vuoden 1942 lopulla. RAF:n 144 Sqn ja 455 Sqn luovuttivat 23 Hampden -konetta Pohjoisen Laivaston ilmavoimille 12.10.1942. (Keskellä) Vuonna 1943 Englanti lahjoitti Neuvostoliitolle 14 Armstrong Whitworth Albemarle I -konetta, jota käytettiin laivaston ilmavoimissa.

On April 20, 1944 one De Havilland Mosquito B. IV bomber (ex-RAF DK296) was handed over to the Soviet Union.

20.4.1944 englantilaiset luovutivat Neuvostoliittoon yhden De Havilland Mosquiton, joka oli B. IV tyyppiä (s/n DK296).

(Top) Douglas A-20B-DL Havoc (s/n 41-3235) of the 5 Gv.MTAP of the Black Sea Fleet in 1943. Digit "565" on the nose is part of the construction number. (Centre) A-20G Havoc number "27" of the 1 Gv.MTAP of the Baltic Fleet. (Bottom) Douglas A-20G-25-DO (s/n 43-9168) number "40" of the 51 MTAP, Baltic Fleet in 1944.

(Ylhäällä) Mustanmeren Laivaston 5. KaartMTLeR:n Douglas A-20B-DL Havoc (s/n 41-3235) vuonna 1943. (Keskellä) Itämeren Laivaston 1. KaartMTLeR:n A-20G Havoc -kone numero "27" kesällä 1944. (Alhaalla) Itämeren Laivaston 51. MTLeR:n A-20G-25-DO Havoc (s/n 43-9168) numero "40" kesällä 1944.

111

(Top) A-20 Havoc in provisional winter-camouflage in 1943. There is a roman number "II" on the tail. (Centre) Maj.Gen. I.I. Serbin (centre) vice-commander of the VVS KBF (Air force of the Baltic Fleet) in front of a 51 MTAP Douglas A-20G-35-DO (s/n 43-10052) number "14" in 1944. (Bottom) A-20G-45-DO (s/n 43-21891) number "2" of the 51 MTAP of the Baltic Fleet in 1944.

(Ylhäällä) Talvimaalattu A-20 Havoc vuonna 1943. Pyrstössä on II -tunnus. (Keskellä) Itämeren Laivaston ilmavoimien vara-komentaja kenr.maj. I.I. Serbin (keskellä) 51. MTLeR:n A-20G-35-DO -koneen numero "14" edessä vuonna 1944. USAF:n sarjanumero on 43-10052. (Alhaalla) Itämeren Laivaston 51. MTLeR:n A-20G-45-DO Havoc -torpedokone numero "2" vuonna 1944. Sarjanumero on 43-21891.

112

(Top) The top brass of the 51 MTAP in front of an A-20G-35-DO Havoc (s/n 43-10067). From left the unit´s navigator Capt. F.T. Prekhin, the commander Maj. I.F. Orlenko and the communications officer Snr.Lt. V.V. Bykov. The inscription reads "Tallinskiy AP" with the Order of the Red banner and Admiral Ushakov and silhuettes of three sunk ships. (Bottom) The staff of 13 Guards AP of ADD in front of a North American B-25J Mitchell number "37". The inscription is "Roslavl´skiy" with the Order of the Red Banner and the Guards emblem.

(Ylhäällä) 51. MTLeR:n päällystö A-20G-35-DO Havoc -koneen (s/n 43-10067) edessä. Vasemmalta rykmentin perämies kapt. F.T. Prehin, komentaja maj. I.F. Orlenko ja viestipäällikkö yliltn. V.V. Bykov. Koneessa teksti "Tallinnalainen LeR", jonka kunnianimen yksikkö sai 22.10.1944. Nokassa on Punalipun ja Amiraali Ushakovin kunniamerkit ja kolmen upotetun laivan kuvaa. (Alhaalla) ADD:n 13. KaartLeR:n miehistö North American B-25J Mitchellin numero "37" edessä. Nokassa on teksti "Roslavilainen", Punalipun kunniamerkki ja kaartin tunnus.

(Top) Medals awarding ceremony at Li-2-equipped 199 OAPS (Detached Liaision Aviation Regiment) at Leningrad front. (Centre) An Li-2 transport being loaded for takeoff to Moscow from Khvoinoye airfield in Leningrad area in 1943. (Bottom) The Lisunov Li-2 (licence-built Douglas DC-3) were quite commonly used by ADD for night bombing after neccessary modifications. The night bomber Li-2 had a crew of six and was equipped with ASh-62IR engines.

(Ylhäällä) Palkitsemistilaisuus Li-2 -koneilla varustetussa 199. ErYhtLeR:ssä Leningradin rintamalla. (Keskellä) Li-2 -konetta kuormataan Leningradin alueella olevan Khvoinojen kentällä Moskovaan suuntautuvaa lentoa varten vuonna 1943. (Alhaalla) Lisunov Li-2:a (lisenssivalmisteinen Douglas DC-3)n käytettiin hyvin yleisesti ADD:n yöpommittajana välttämättömien muutostöiden jälkeen. Tällöin oli miehistön lukumäärä kuusi, ja kone oli varustettu ASh-62IR moottoreilla.

(Top) Li-2s of the 23 OAP GVF (Detached Aviation Regiments of the Civil Aviation Fleet) in summer 1945. The regiment was awarded the honorary name "Berlinskiy" which has been painted to the aircraft. Already in summer 1941 Transport (TAP) and Liaision Aviation Regiments (APS) were formed from the local administrations of the Civil Aviation Fleet (ie. Aeroflot). (Centre) A modified C-47 number "881" (USAF number 42-9320) with a turret. (Bottom) The crew of C-47 number "049" is relaxing before take-off from Dubrovka.

(Ylhäällä) Siviili-ilmailulaivaston (GVF) 23. ErLeR:n Li-2 -koneita kesällä 1945. Koneisiin on maalattu rykmentille myönnetty kunnianimi "Berliiniläinen". (Keskellä) Modifioitu C-47 numero "881" (USAF numero 42-9320). Koneessa on kk-ampumo. (Alhaalla) C-47 koneen "049" miehistö rentoutuu ennen lennolle lähtöä Dubrovkasta.

(Top) This Shavrov Sha-2 flying boat piloted by A.T. Gorbachev made a forced landing at Suojärvi, Eastern Finland on Sept. 21, 1937 during an ambulance flight. The inscription at the nose reads "Sanaviatsiya SOKK i KP" (Ambulance flight of the Union of Red Cross and Red Halfmoon Associations) - note the Red Cross emblem in the middle of the identification code (SSSR + K8). (Bottom) About thirty Heinkel HD 55 floatplanes (Soviet designation: KR-1) were aquired from Germany in 1930. The KR-1 aircraft were intended for use from the ships of the Black Sea Fleet.

(Ylhäällä) Tämä A.T.Gorbatshevin ohjaama Shavrov Sha-2 lentovene ylitti sairaslennolla Neuvostoliiton ja Suomen välisen rajan, ja teki pakkolaskun Suojärvelle 21.9.37. Nokassa olevan tekstin mukaan kone kuuluu Neuvostoliiton Punaiselle Ristille; huomaa Punainen Risti siviilitunnuksen keskellä. (Alhaalla) Vuonna 1930 ostettiin Saksasta noin 30 Heinkel HD 55 meritiedustelukonetta, joille annettiin tyyppimerkintä KR-1. Koneita oli tarkoitus käyttää lähinnä Mustanmeren laivaston laivoihin tukeutuen; taistelulaiva "Parizhskaja kommuna":an ja risteilijä "Krasnyj Kavkaz":iin oli tähän tarkoitukseen asennettu lentokonekatapultit.

(Top) The MBR-2 flying boat designed by Beriyev equipped most of the recce- and liaision aviation regiments of the Soviet Navy in WW II. The photo depicts the early MBR-2 number "9", equipped with M-17 engine. (Centre) The series production of the new MBR-2 version equipped with the M-34 engine started in 1936. The photo depicts number "12".

(Ylhäällä) Berijevin suunnittelema MBR-2 -lentovene muodosti talvi- ja jatkosodassa Neuvostolaivaston meritiedustelu- ja yhteyslentorykmenttien kaluston rungon. Kuvassa sarjan alkupään M-17 -moottorilla varustettu MBR-2 kone numero "9". Huomaa pommiripustimet siipien alla. (Keskellä) Vuonna 1936 alkoi M-34 -moottorilla varustetun MBR-2 -lentoveneen sarjavalmistus. Kuvassa numero "12".

(Bottom) MBR-2 flying boat number "2" taking off.

(Alhaalla) MBR-2 -lentovene numero "2" starttaa.

117

(Top) The naval aviator is waiting for completion of the engine inspection of MBR-2 c/n 113190. (Centre) This MBR-2-AM-34 flying boat number "6" (c/n 1386) which made a forced landing near the Syväri power plant on Feb. 16, 1942 is being investigated by Finnish troops. After overhaul it served in the Finnish AF as VV-185. (Bottom) MBR-2 flying boat number "11" taking off.

(Ylhäällä) Merilentäjä odottaa MBR-2 -lentoveneen (c/n 113190) moottoritarkastuksen päättymistä. (Keskellä) Suomalaiset sotilaat tutkivat Syvärin voimalaitoksen lähelle 16.2.42 pakkolaskun tehnyttä MBR-2 -lentovenettä (punainen "6"; c/n 1386). Kunnostuksen jälkeen siitä tuli ilmavoimien VV-185. (Alhaalla) MBR-2 -lentovene numero "11" starttaa.

(Top) MBR-2 flying boat number "6" is being towed to the shore. (Bottom) MBR-2 flying boat in scribed "Za Stalina" (For Stalin) with a quickly applied camouflage.

(Ylhällä) MBR-2 -lentovene numero "6" hinataan rantaan. (Keskellä) MBR-2 -lentovene tekstillä "Stalinin puolesta". Koneessa nopeasti tehty suojamaalaus.

(Top) MBR-2 base of the Baltic Fleet. (Centre) A MBR-2 flying boat captured by the Finns. The original civil registration was "SSSR L2539", but a Red star has been painted on the "L"-letter. (Bottom) This interestingly camouflaged MBR-2-M-17 flying boat was found by Finnish troops at Kokkojärvi, East Carelia on Aug. 14, 1941. It was entered into the books of the Finnish AF as VV-184.

(Ylhäällä) Itämeren laivaston MBR-2 -tukikohta. (Keskellä) Suomalaiset sotilaat tutkimassa sotasaaliiksi saatua MBR-2 -lentovenettä. Alkuperäinen siviili-tunnus on ollut "SSSR L2539", mutta punainen tähti on maalattu "L"-kirjaimen päälle. (Alhaalla) Tämä mielenkiintoisella naamioinnilla varustettu MBR-2-M-17 lentovene löytyi Itä-Karjalan Kokkojärveltä 14.8.41. Kone otettiin ilmavoimien kirjoihin tunnuksella VV-184.

(Top) I.V. Chetverikov designed a number of long-range recce flying boats which were produced in limited numbers from 1939. The photo depicts the Chetverikov MDR-6 (designation Che-2 used from 1940) number "4", equipped with M-63 radial engine. Weather recce flights from Saarenmaa to the German coast were performed with this type of aircraft in beginning of August 1941 before the bombing of Berlin Aug. 7-8, 1941. (Centre) During the war the basic MDR-6 was significantly redesigned. The photo depicts the MDR-6B-1 twin tail flying boat equipped with M-105 inline engines in 1941.

(Ylhäällä) I.V.Tshetverikovin suunnittelema M-63 -tähtimoottorilla varustettu MDR-6 (vuodesta 1940 käytössä tunnus Tshe-2) numero "4". Tämän tyyppisillä lentoveneillä suoritettiin Saarenmaalta Saksan rannikolle ulottuvia säätiedustelulentoja elokuun alussa 1941 ennen Berliinin pommitusta 9.-10.8.1941. (Keskellä) Sodan aikana MDR-6 perustyyppiä kehitettiin voimakkaasti. Kuvassa vuonna 1941 valmistunut M-105 -rivimoottorilla varustettu MDR-6B-1 -lentovene, jossa kaksoispyrstö.

(Bottom) Chetverikov MDR-5 (B5) equipped with VK-107A engines was the last version of which only the prototype was constructed in 1945.

(Alhaalla) VK-107A moottorilla varustettu Tshetverikov MDR-6 (B5) oli viimeinen versio, josta valmistui ainoastaan prototyyppi vuonna 1945.

(Top) Beriyev KOR-1 (Be-2) number "4" at Sevastopol in 1941. (Bottom) A Beriev KOR-2 (Be-4) flying boat on board the cruiser "Molotov" of the Black Sea Fleet in 1941.

(Ylhäällä) Berijev KOR-1 (Be-2) numero "4" Sevastopolissa vuonna 1941. (Alhaalla) Berijev KOR-2 (Be-4) -lentovene Mustanmeren laivaston risteilijä "Molotovin" kannella vuonna 1941.

(Top) A KOR-2 (Be-4) flying boat on board the cruiser "Kaganovich" of the Pacific Fleet in 1945. (Bottom) Two Vought-Sikorsky OS2U-3 Kingfishers was delivered to the Soviet Union on board the ex-USN cruiser "USS Milwaukee" which was transferred to the Soviet Northern Fleet on Aug. 24, 1944.

(Ylhäällä) Beriev KOR-4 (Be-4) -lentovene Tyynen valtameren Laivaston risteilijä "Kaganovitshin" kannella vuonna 1945. (Alhaalla) Neuvostoliittoon toimitettiin kaksi Vought-Sikorsky OS2U-3 Kingfisher -lentovenettä yhdysvaltalaisen risteilijä "USN Milwaukeen" mukana, joka luovutettiin Pohjoiselle Laivastolle 24.8.44. Risteilijälle annettiin Neuvostoliitossa nimi "Murmansk", ja se palautettiin lentokoneineen sittemmin Yhdysvaltoihin vuonna 1947.

(Top and centre) Consolidated PBN-1 Nomad flying boats of the Pacific Fleet in 1945. 138 PBN-1s were delivered to the USSR out of a total production of 156. (Bottom) Consolidated PBY-6A Catalina amphibian number "3" before handing over to the Soviet transfer crew. 48 PBY-6As were delivered to the USSR out of a total production of 235.

(Ylhäällä ja keskellä) Tyynen valtameren Laivaston Consolidated PBN-1 Nomad -lentoveneitä vuonna 1945. Neuvostoliittoon toimitettiin 138 PBN-1 konetta yhteensä 156 valmistetusta. (Alhaalla) Consolidated PBY-6A Catalina -amfibiokone numero "3" odottaa luovutusta neuvostoliittolaisille vastaanottajilleen. Neuvostoliittoon toimitettiin 48 PBY-6A konetta yhteensä 235 valmistetusta.

(Top) I.S. Kotov in front of his Consolidated PBN-1 Nomad at Provedeniya Bay in the Pacific Ocean. The aircraft has got both military and civil (N-343) markings. (Centre) A PBN-1 number "8" of the Northern Fleet in late 1944. Note the inscription "PBN-1" on the rudder. (Bottom) Marines are entering a PBN-1 of the Pacific Fleet in August 1944.

(Ylhäällä) I.S. Kotov Consolidated PBN-1 Nomad -lentoveneen edessä Tyynen valtameren Provedenijan lahdella. Huomaa että koneeseen on maalattu sekä sotilas- että siviili- ("N-343") tunnukset. (Keskellä) Pohjoisen Laivaston PBN-1 numero "8" vuoden 1944 lopussa. Pyrstössä on merkintä "PBN-1". (Alhaalla) Merijalkaväkeä kuormataan Tyynen valtameren Laivaston PBN-1 -koneeseen elokuussa 1944.

(Top) A number of Yakovlev UT-1 light sport aircraft captured by the Germans with a Messerschmitt Bf 108 Taifun. (Centre) Yakovlev UT-2 aircraft were used for basic flight training during the war. (Bottom) Winter-camouflaged Polikarpov Po-2 with under-wing cargo containers. The number of produced aircraft is estimated to approach 40.000. After the death of N.N. Polikarpov June 30, 1944, the aircraft was given the designation Po-2 to honour the deceased designer.

(Ylhäällä) Saksalaisten sotasaaliiksi saamia Jakovlev UT-1 kevyitä urheilukoneita Messerschmitt Bf 108 Taifun -koneen seurassa. (Keskellä) Jakovlev UT-2 -koneita käytettiin peruskoulutukseen sodan aikana. (Alhaalla) Talvinaamioitu Polikarpov Po-2 kuormakontteineen siipien alla. Valmistettujen koneiden määrä arvioidaan olevan lähellä 40.000. N.N.Polikarpovin kuoleman jälkeen (30.6.44) koneelle annettiin tyyppinimi Po-2 pääsuunnittelijan kunniaksi.

(Top) Float-equipped naval version U-2P. (Centre) Po-2 number "49" in Prag on "Victory Day" 9 May 1945. (Bottom) This U-2 (c/n 575) was captured by Finnish troops at Kellomäki, Karelian Isthmus on March 5, 1942. The aircraft belonged to the 7 Squadron of the OSAG GVF (Detached Northern Aviation Group of the Civil Aviation Fleet), and was piloted by S.M. Antonov. After overhaul it was used by the Finnish AF as VU-2.

(Ylhäällä) Kellukkeilla varustettu meritomintaversio U-2P. (Keskellä) Po-2 numero "49" Prahassa "Voiton päivänä" 9.5.45. (Alhaalla) Tämä U-2 (c/n 575) saatiin sotasaaliiksi Kellomäellä Karjalan kannaksella 5.3.42. Kone kuului Neuvostoliiton Siviili-ilmailulaivaston Erill. Pohjoisen Lentoryhmän 7. eskadrillille, ohjaajana S.M.Antonov (Huom tunnus: sekä punatähti että siviili "SSSR"). Siitä tuli korjauksen jälkeen ilmavoimien ensimmäinen VU-2.

(Top) This U-2 number "1" was captured at Tolvajärvi in Carelia on Dec. 20, 1939 during the Winter war. The aircraft is preserved in the stores of the Central Finland Aviation Museum. (Bottom) U-2 number "9" of 574 OAES (Detached Liaision Aviation Squadron) transporting mail in 1944. The aircraft has the Guards insignia and a quickly applied camouflage.

(Ylhäällä) Tämä U-2 numero "1" saatiin sotasaaliiksi talvisodassa Tolvajärven Kotilammella 20.12.39. Kone on varastoituna Keski-Suomen Ilmailumuseossa. (Keskellä) 574. ErYhtLeEsk:n U-2 numero "9" kuljettamassa postia 1944. Koneeessa on Kaartin tunnus ja improvisoitu suojamaalaus.

(Top) Po-2 number "13" of the
399 APS (Liaision Aviation Regi-
ment) in 1945. The photo is ta-
ken from another Po-2. (Cent-
re) Pilot Sgt. N. Sheverdinskiy
and navigator Sub.Lt. V.
Tkachev of 105 GvOAPS
checking their task before take-
off with their U-2VS (LNB)
night bomber version with un-
der-wing bombs in 1944. (Bot-
tom) This U-2 piloted by Sub.Lt.
A.P. Vorshin of the Detached
Liaision and Ambulance Squad-
ron of the Baltic Fleet made a
forced landing at Ollila, Care-
lian Isthmus on Oct. 18, 1941.

(Ylhäällä) 399. YhtLeR:n Po-2
numero "13" vuonna 1945. Ku-
va on otettu toisesta Po-2 ko-
neesta. (Keskellä) Kers. N.She-
verdinskij ja aliltn V.Tkatshev,
105 ErKaartYhtLeR, ennen läh-
töä lennolle U-2VS (LNB) yö-
pommituskoneella 1944. (Al-
haalla) Tämä U-2 teki pakkolas-
kun Ollilassa 18. lokakuuta
1941. Kone kuului Itämeren lai-
vaston Erilliselle Yhteys- ja Sai-
raankuljetuseskadrillille, ohjaa-
jana aliltn. A.P.Vorshin.

(Top) An U-2 is being filled up in front of C-47 number "31" in 1944. (Centre) U-2 number "21" at the Leningrad front in summer 1944. (Bottom) This U-2 number "5" was used for VIP transports at the Steppe front in 1943. In the centre is Lt.Gen. I.Yu. Garernyy.

(Ylhäällä) U-2 -konetta tankataan C-47 Dakota numero "31":n edessä vuonna 1944. (Keskellä) U-2 numero "21" Leningradin rintamalla kesällä 1944. (Alhaalla) Tämä U-2 numero "5" käytettiin VIP-kuljetuksiin Arorintamalla vuonna 1943. Keskellä kenr.ltn. I.J. Barernyj.

(Top) U-2 ambulance version with strecher containers in 1941. The first letter of the designation of the ambulance version was usually "S" (Sanitarnyy) instead of the ordinary "U" (Uchebnyy or Trainer). (Bottom) Another ambulance version of the U-2 at the Leningrad front in March 1943. Number "11" carried a strecher patient in the fuselage.

(Ylhäällä) U-2 sairaankuljetusversio, siivellä paarinkuljetuskontit, vuonna 1941. Sairaankuljetuskoneiden tunnuksen alkukirjain oli tavallisesti "S" (= Sanitarnyj) perusversion "U":n (= Utshebnyj, koulukone) sijasta. (Alhaalla) Toinen U-2 sairaankuljetusversio Leningradin rintamalla maaliskuussa 1943. Numero "11" kuljetti paaripotilaan rungossa.

(Top) R-5 was designed by Polikarpov for recce and light bombing tasks. The photo is taken at NII VVS. Note the underwing bomb racks and the radiator. (Bottom) Fresh mail is received by an R-5 aircraft, 1943. The aircraft has a covered cockpit and an underwing auxiliary tank.

(Ylhäällä) R-5 oli Polikarpovin suunnittema tiedustelu- ja kevyt pommikone. Kuvassa kone Ilmavoimien tutkimuslaitoksella. Huomaa pomminripustimet ja jäähdytin laskutelineen edessä. (Alhaalla) R-5 -kone on tuonut postia vuonna 1943. Koneessa näyttää olevan katettu ohjaamo. Koneessa lisäsäiliö siiven alla.

(Top) An interestingly camouflaged R-5 with an unarmed back-seat and an under-wing auxiliary tank. (Bottom) Two R-5 aircraft of 669 AP made a forced landing at Ontajärvi, East Carelia on Jan. 19, 1942. The crew of one of the aircraft consisted of the regiment C.O. Maj. P. Pudan and Capt. Kuzmenko.

(Ylhäällä) Suojamaalattu R-5 sotalennolla. Koneessa aseistamaton takaistumo ja lisäsäiliö. (Alhaalla) Kaksi 669. LeR:n R-5 konetta teki pakkolaskun Itä-Karjalan Ontajärvelle 19. tammikuuta 1942. Toisen koneen ohjaajana toimi rykmentin komentaja maj. P.Pudan sekä tähystäjänä kapt. Kuzmenko.

(Top and centre) A Neman R-10 number "5" belonging to the 73 BAP of the Baltic Fleet made a forced landing at Pälläjärvi, East Carelia, on Jan. 16, 1943 with the crew of Sub.Lt. B.I. Gorodilov and Sgt. T.A. Zhukov. (Bottom) Sukhoi Su-2 ground-attack aircraft were used in small numbers in 1941.

(Ylhäällä ja keskellä) Itämeren Laivaston ilmavoimien 73. PLeR:n Neman R-10 teki pakkolaskun Itä-Karjalan Pälläjärven jäälle 16. tammikuuta 1943. Harvinaisen koneen miehistönä oli alil. B.I.Gorodilov ja kers. T.A.Zhukov. (Alhaalla) Tyyppikuva Suhoj Su-2 -maataistelukoneesta, joka oli käytössä vuonna 1941.

(Top) Yakovlev Yak-4 (original designation BB-22) in flight. This exceptionally fast bomber was used in small numbers in 1940-41. As the flight characteristics were unsatisfactory, it was soon replaced by the successful Pe-2. (Bottom) During the war A.Ya. Shcherbakov designed a light transport aircraft Shche-2 (or TS-1) equipped with two M-11 engines. The aircraft was produced in a small series from 1944 to 1946.

(Ylhäällä) Jakovlev Jak-4 (alkuperäinen tunnus BB-22) lennolla. Tämä harvinainen nopea pommituskone oli käytössä etupäässä vuosina 1940-41. Koska sen lento-ominaisuudet eivät olleet tyydyttävät, se korvattiin onnistuneella Pe-2 -syöksypommituskoneella. (Alhaalla) A.J.Shsherbakov suunnitteli sodan aikana kahdella M-11 -moottorilla varustetun kuljetuskoneen She-2 (TS-1). Konetta rakennettiin pienehkönä sarjana vuosina 1944-46.

135

(Top) A Focke Wulf Fw 189 at NII VVS. (Centre) Cargo loading of a Junkers Ju 52/3m at Ufa in 1945. More than 80 war booty Ju 52s were used in the Soviet Union, primarily in transportation tasks in the rear. (Bottom) The warbooty Junkers Ju 252 was used in the Soviet Union for flight-testing of various engines (the three-engine configuration providing an ideal test bed). The centre engine with four-blade propeller is a 3000 hp Jumo 222 double V-engine, while the outer engines are the ordinary 1450 hp Jumo 211.

(Ylhäällä) Focke-Wulf Fw 189 - lähitiedustelukone Ilmavoimien tutkimuslaitoksella. (Keskellä) Junkers Ju 52/3m -konetta kuormataan Ufassa vuonna 1945. Neuvostoliitossa käytettiin yli 80 sotasaaliksi saatua Ju 52 -konetta lähinnä selusta-alueen kuljetustehtävissä. (Alhaalla) Saksalaista Junkers Ju 252 - konetta käytettiin Neuvostoliitossa eri moottorien lentokokeiluja varten. Keskimmäisenä moottorina on kokeiltavana oleva Jumo 222 kaksois-V moottori (teholtaan 3000 hv), kun taas uloimmat moottorit ovat tyypille tavanomaisia Jumo 211 (1450 hv).

(Top) Both single-seater and two-seater versions of the rocket fighter Me 163 were tested at LII during summer 1945. As no rocket fuel was available, only gliding tests were possible. The two-seater Me 163S was first flown by Mark L. Gallaj towed by a Tu-2. Gallaj was appointed HSU May 1, 1957. (Centre) The German two-engined fighter Messerschmitt Me 262 was first tested on Aug. 15, 1945 by Andrej G. Kochetkov, who testflew over 110 different aircraft during his 20 years active career was appointed an HSU on June 26, 1958. (Bottom) This Heinkel He 162 Volksjäger jetfighter number "02" was tested after the war by the test pilot G.M. Shiyanov at the LII (Flight test institute). Shiyanov was made an HSU on May 1, 1957.

(Ylhäällä) Yksi- ja kaksipaikkaiset versiot Messerschmitt Me 163 -rakettihävittäjästä olivat kokeiltavana LII:ssä kesällä 1945. Kaksipaikkaista Me 163S:ää lensi Mark L. Gallaj, joka nimitettiin NL:n Sankariksi 1.5.57. (Keskellä) Messerschmitt Me 262 -suihkuhävittäjän koelensi ensimmäisenä 15.8.45 Andrej G.Kochetkov. Kotshetkov joka 20 vuoden uransa aikana koelensi yli 110 lentokonetyyppiä nimitettiin NL:n Sankariksi 26.6.58. (Alhaalla) Heinkel He 162A suihkuhävittäjä numero "02" oli kokeiltavana sodan jälkeen LII:ssä, lentäjänä G.M. Shijanov, joka nimitettiin Neuvostoliiton Sankariksi 1.5.57.

137

THE ORGANIZATION OF THE SOVIET AIR FORCE IN WW II

During World War II the Soviet Air Arm was divided into different units according to required duties and areas of operation.

On June 22, 1941 the division of the Soviet Air Force of the Red Army *(Voenno-vozdushnye sily Krasnoi Armii)* was as follows:

a. The Air Force of the Supreme Command *(Stavka)* (long range bomber units), and

b. the Air Forces subordinate to the ground forces consisting of:

1. the Front Air Forces (formed from the air forces of the Military Districts),

2. the Army Air Forces (subordinate to the High Command of the res pective armies) and

3. the Liaison Squadrons (subordinate to the Commanders of different   ground force units).

The aircraft inventory comprised 32 100 planes, of these 20000 where combat aircraft, about 80 % of these were obsolete types.

From 1938 the basis of organization was changed from Aviation Brigades to Aviation Regiments. In 1938-41 an Aviation Regiment *(Aviatsionnyi Polk, AP)* consisted of four or five squadrons *(eskadrilya)* or a total of 60 aircraft. From 1941 the regiments were formed of three squadrons. The nominal strength of each Fighter Regiment and Ground Attack Regiment was 40 aircraft and that of a Bomber Regiment was 32 aircraft. Squadrons were divided into flights *(zveno)* consisting three or four aircraft.

The regiments were arranged into Aviation Divisions *(Avatsionnaya Diviziya, AD)* consisting of three Aviation Regiments. The nominal strength of a Fighter Division was thus 124 aircraft (including spare aircraft) and that of a Bomber Division was 98 aircraft.

The biggest flying unit employed was Aviation Army Corps *(Aviatsionnyi Korpus, AK)* which consisted of two or three Aviation Divisions, i.e. either 250 to 375 fighters or 200 to 300 bombers.

In May 1942 the Front Air Forces and the Army Air Forces were re-organized into independet Air Armies *(Vozdushnaya Armiya, VA)*. A co-ordinated and purposive deployment was characteristic of each Air Army. There were altogether 18 Air Armies, each consisting generally of five to eight (at times as many as 13) Aviation Divisions.

The Naval Air Forces *(Aviatsiya Voenno-morskogo flota, VVS VMF)* were designated an independent arm on January 1, 1938. Each of the Navy's Fleets had its individual Air Force:

1. the Red Banner Baltic Fleet Air Force *(VVS KBF)*,

2. the Northern Fleet Air Force *(VVS SF)*,

3. the Black Sea Fleet Air Force *(VVS ChF)* and

4. the Pacific Fleet Air Force *(VVS TOF)*.

On June 22, 1941, 665 of the Naval Air Forces' 1 445 aircraft were fighters.

At the beginning of the Great Patriotic War 40 fighter regiments (about 1 500 aircraft) were separated from the Air Force proper to form a group assigned to air defence duties. At the beginning of 1942 these regiments were subordinated to the Air Defence Troops *(Vojska PVO)* under which they formed a new arm, the Air Defence Fighter Units *(IA PVO)*. On May 1, 1945 these troops comprised a total of 97 regiments.

From the summer of 1943 the Soviet Air Force had both strategic air supremacy and superioty over the enemy in quantity. While in 1941 a maximum of 200 to 500 aircraft took part in war operations, in 1943 each major operation could already be assigned a couple of thousand aircraft. In spring 1945 as many as 7 500 Soviet warplanes took part in the battle of Berlin.

COMMAND OF THE SOVIET AIR FORCE DURING THE GREAT PATRIOTIC WAR

Commander

Lt.Gen.	P.F.Zhigarev	22.6.41-11.4.42
Col.Gen.	A.A.Novikov	11.4.42-

Deputy commander (political); from 29.6.41 member of the Military Council of the AF

Corps Comissar	P.S.Stepanov	29.6.41-8.8.42
Lt.Gen.	N.S.Shimanov	17.3.43-

Chief of AF Staff

Maj.Gen.	P.S.Volodin	22.6.41-29.6.41
Maj.Gen.	G.A.Vorozhejkin	Aug. 41-Apr. 42
Maj.Gen.	S.A.Khudyakov	Apr. 42-July 42
Col.Gen.	F.Ya.Falaleyev	July 42-May 43
Col.Gen.	S.A.Khudyakov	May 43-

Commander of the Long-range Air Force (ADD)

Maj.Gen.	A.Ye.Golovanov	5.3.42-6.12.44

Deputy commander (political)

Kom. div.	G.G.Guryanov	21.3.42-6.12.44

Chief of ADD Staff

Lt.Gen.	M.I.Shevelev	5.3.42-June 44
Lt.Gen.	N.V.Perminov	July 44-6.12.44

ADD performed about 200.000 missions until 6.12.1944 when it was transformed into 18 VA. Over 190 aviators were made HSUs.

AIR ARMIES

The air armies were founded in 1942 and subordinated to the Front commanders, and in special cases to the Commander of the Red Army Air Force (VVS KA). At the end of 1944 the Long-range air force (ADD) was transformed into 18 Air army, and thus lost its independence, and direct subordination to the Supreme Command. In 1942-43 an Air army possessed typically 200...1000 aircraft, while the number of aircraft of an Air army reached generally 1500 in 1944-45, and in some cases even 2500...3000. In some cases a Front possessed two Air armies (eg. in spring 1943 both 4 and 5 VA supported the North Caucasian Front, in summer 1944 6 and 16 VA supported the !st Belorussian Front, and likewise in 1944 2 and 8 VA supported the 1st Ukrainian Front.).

1 VA 5.5.42

Initial composition: 201, 202, 203, 234, 235 IAD; 204 BAD; 213 NBAD; 215 SAD; 214, 224, 231, 232, 233 ShAD, 1 VA performed a total of over 290.000 missions during the war. One Aviation Corps, one Aviation Division and three Aviation Regiments were transformed into Guards units. 145 aviators were made HSUs and 17 double HSUs.
Commander:

Lt.Gen.	T.F.Kutsevalov	5.5.-17.7.42
Maj.Gen.	S.A.Khudyakov	17.7.42-26.5.43
Lt.Gen.	M.M.Gromov	26.5.43-2.7.44
Col.Gen.	T.T.Khrukin	2.7.44.-

2 VA 5.42

Formed on the base of the Air force of the Bryansk Front. Initial composition: 205, 206, 207 IAD; 208 NBAD; 223 BAD; 225, 226, 227 ShAD and two OAPs. 2 VA performed a total of over 300.000 missions during the war. 65 Aviation units were transformed into Guards units. Over 250 aviators were made HSUs and 13 double HSUs.
Commander:

Maj.Gen.	S.A.Krasovskiy	5.5.-4.7.42
Col.	K.M.Smirnov	4.7.42-26.3.43
Lt.Gen.	S.A.Krasovskiy	26.3.43-

3 VA 5.42

Formed on the base of the Air force of the Kalinin Front. Initial composition: 209, 210, 256 IAD; 211 BAD; 212, 264 ShAD. 3 VA performed a total of approx. 200.000 missions during the war. 27 Aviation units were transformed into Guards units. Over 120 aviators were made HSUs and 3 double HSUs.

Commander:

Maj.Gen.	M.M.Gromov	5.5.42-26.5.43
Maj.Gen.	N.F.Papivin	26.5.43-

4 VA 5.42

Formed on the base of the Air force of the South Front. Initial composition: 216, 217, 229 IAD; 218 NBAD; 219 BAD; 230 ShAD and 7 OSAPs. 4 VA performed a total of over 300.000 missions during the war. 17 Aviation units were transformed into Guards units. 277 aviators were made HSUs and 3 double HSUs.

Commander:

Maj.Gen.	K.A.Vershinin	7.5.-8.9.42
Maj.Cen.	N.F.Naumcnko	8.9.42 1.5.43
Lt.Gen.	K.A.Vershinin	1.5.43-

5 VA 6.42

Formed on the base of the Air force of the North Caucasian Front. Initial composition: 236, 237, 265 IAD; 132 BAD; 238 ShAD and a number of OAPs. 5 VA performed a total of approx. 180.000 missions during the war. 26 Aviation units were transformed into Guards units. Over 140 aviators were made HSUs and 4 double HSUs.

Commander:

Lt.Gen.	S.K.Goryunov	3.6.42-

6 VA 6.42

Formed on the base of the Air force of the North-West Front In Sept. 1944 to the Reserve of the Stavka; in Oct. 1944, the Command being transformed into the Command of the Polish Air Force. Initial composition: 239, 240 IAD; 241 BAD; 242 NBAD; 243 ShAD; seven OSAPs and 3 OAEs. 6 VA performed a total of over 120.000 missions during the war. 4 Aviation units were transformed into Guards units. 25 aviators were made HSUs.

Commander:

Maj.Gen.	D.F.Kondratyuk	5.6.42-8.1.43
Maj.Gen.	F.P.Polynin	8.1.43-27.9.44

7 VA 11.42

Formed on the base of the Air force of the Karelian Front. In Dec. 1944 to the reserve of the Stavka. Initial compostion: 258, 259 IAD; 261 BAD; 262 ShAD. 7 VA performed a total of approx. 60.000 missions. Over 40 aviators were made HSUs and one double HSU.

Commander:

Maj.Gen.	I.M.Sokolov	10.11.42-28.6.45

8 VA 6.42

Formed on the base of the Air force of the South-West Front. Initial composition: 206, 220, 235, 268, 269 IAD; 270, 271, 272 BAD; 226, 228 ShAD. 8 VA performed a total of over 220.000 missions. Over 160 aviators were made HSUs and 10 aviators were made double HSUs and one triple HSU (A.I. Pokryshkin).

Commander:

Maj.Gen.	T.T.Khrukin	15.5.42-2.7.44
Lt.Gen.	V.N.Zhdanov	2.8.44-

9 VA 8.42

Formed on the base of the Air forces of the 1., 25. and 35. Armies of the Far East Front. Initial compostition: 32, 249, 250 IAD; 33, 34 BAD; 251, 252 ShAD. On 7.8.45 the long-range 19 BAK was transferred to 9 VA from 18 VA. 9 VA performed over 4.400 missions during the short war against Japan in Aug.-Sept. 1945.

Commander:

Maj.Gen.	A.S.Senatorov	27.7.42-18.9.44
Maj.Gen.	V.A.Vinogradov	18.9.44-28.6.45
Col.Gen.	I.M.Sokolov	28.6.45-

10 VA 8.42

Formed on the base of the Air force of the 25. Army of the Far East Front. Initial composition: 29 IAD; 53, 83, 254 BAD; 253 ShAD. 10 VA performed over 3.200 missions during the war against Japan.

Commander:

Maj.Gen.	V.A.Vinogradov	27.7.42-16.9.44
Col.	D.Ya.Slobzhan	16.9.44-19.5.45
Col.Gen.	P.F.Zhigarev	19.5.45-

11 VA 8.42

Formed in the Far East of the base of the Air Force of the 2nd Army. Initial composition: 96 IAD; 82 BAD; 206 SAD. 20.12.44 transformed into 18 SAK, which in July 1945 was transferred to 10 VA.

Commander:

Col.	V.N.Bibikov	27.7.42-22.1.45

12 VA 8.42

Formed on the base of the Air Force of the Transcaucasian Front. Initial composition: 245, 246 IAD; 30, 247 BAD; 248 ShAD. 12 VA performed over 5.000 missions during the war against Japan.

Commander:

Lt.Gen.	T.F.Kutsevalov	27.7.42-25.6.45
Air Marshal	S.A.Khudyakov	25.6.45-

13 VA 11.42

Formed on the base of the Air Force of the Leningrad Front. Initial composition: 275 IAD;

276 BAD; 277 ShAD. 13 VA performed approx. 120.000 missions during the war. 10 Aviation units were transformed into Guards units. Over 125 aviators were made HSUs and 8 were made double HSUs.

Commander:

Lt.Gen.	S.D.Rybalchenko	20.11.42-

14 VA 7.42

Formed on the base of the Air Force of the Volkhov Front. Dissolved in Nov. 1944 (the units being transferred to other VAs). Initial composition: 278, 279 IAD; 280 BAD; 281 ShAD. 14 VA performed over 80.000 missions during the war. 32 aviators were made HSUs.

Commander:

Maj.Gen.	I.P.Zhuravlev	27.7.42-

15 VA 7.42

Formed on the base of the Air Force of the Bryansk Front. Initial composition: 286 IAD; 284 BAD; 225 ShAD and 3 OAPs. 15 VA performed approx. 150.000 missions during the war. 72 aviators were made HSUs and two double HSUs.

Commander:

Maj.Gen.	I.G.Pyatikhin	22.7.42-5.43
Lt.Gen.	N.F.Naumenko	5.43-

16 VA 8.42

Formed from parts of 8 VA and the Reserves of the Supreme Command. Initial composition: 220, 283 IAD; 228, 291 ShAD and 2 OAPs. 16 VA performed approx. 280.000 missions. 30 Aviation units were transformed into Guards units. Over 200 aviators were made HSUs and three aviators double HSUs and one triple HSU (I.N. Kozhedub).

Commander:

Maj.Gen.	P.S.Stepanov	8.8.-28.9.42
Lt.Gen.	S.I.Rudenko	28.9.42-

17 VA 11.42

Formed from the Air Force of the South-West Front. Initial composition: 1 SAK; 282, 288 IAD; 221 BAD; 262 NBAD; 267 ShAD; 208 and 637 OShAP. 17 VA performed over 200.000 missions. 20 Aviation units were transformed into Guards units. 229 aviators were made HSUs and three aviators double HSUs.

Commander:

Maj.Gen.	S.A.Krasovskiy	15.11.42-26.3.43
Lt.Gen.	V.A.Sudets	26.3.43-

18 VA 6.12.44

Transformed from the Long-range Air Force (ADD) of the Supreme Command. 1 Gv, 2 Gv, 3 Gv, 4 Gv and 19 AK; and four OADs. 18 VA performed about 20.000 missions. 57 aviators were made HSUs.

Commander:

Chief Air Marshal	A.Ye.Golovanov	6.12.44-

NAVAL AIR FORCES

Commander of the Naval Air Forces (VVS VMF)

Lt.Gen.	S.F.Zhavoronkov	22.6.41-

Baltic Fleet (KBF)

The Air force of the Baltic Fleet performed over 158.000 missions. One aviation division and 8 aviation regiments were transformed into Guards units. 114 aviators were made HSUs and four aviators double HSUs.

Air Force commander

Maj.Gen.	V.V.Yermachenkov	22.6.-15.7.41
Maj.Gen.	M.I.Samokhin	15.7.41-

Northern Fleet (SF)

The Air force of the Northern Fleet performed over 57.000 missions. Two aviation regiments were transformed into Guards units. 53 aviators were made HSUs and one aviator double HSU.

Air Force commander

Maj.Gen.	A.A.Kuznetsov	22.6.41-12.42
Lt.Gen.	A.Kh.Andreyev	12.42-

Black Sea Fleet (ChF)

The Air force of the Black Sea Fleet performed over 131.000 missions. Six aviation units were transformed into Guards units. 61 aviators were made HSUs.

Air Force commander

Maj.Gen.	V.A.Rusakov	22.6.-14.11.41
Maj.Gen.	N.A.Ostraykov	14.11.41-24.4.42
Maj.Gen.	V.V.Yermachenkov	24.4.42-

Pacific Fleet (TOF)

The Air force of the Pacific Fleet performed over 4.700 missions during the war against Japan. Seven aviation units were transformed into Guards units. 15 aviators were made HSUs.

Air Force commander

Lt.Gen.	P.N.Lemeshko	

AIRCRAFT PROCUREMENT

During the war the Soviet Aircraft industry produced a total of 136 800 aircraft of which 108 028 were actual warplanes, while the lend-lease deliveries totalled 17 834 aircraft. In the table below are given the total numbers of Soviet wartime military aircraft produced in the Soviet Union or imported under lend-lease agreement:

The total number of military aircraft produced in the USSR or imported under the Lend-Lease act:

I-16	9 450		DH Mosquito	1	
I-15bis	2 408		Po-2	33 000	
I-153	3 437		Sha-2	270	
LaGG-3	6 528	1)	UT-2	1 887	
MiG-3	3 322	2)	UT-1	1 241	
Yak-1	8 721	3)	MBR-2	1 365	
Yak-7	6 399		MDR-4	15	
La-5	10 000		MDR-6 (Che-2)	17	
Yak-9	16 769		R-5	5 645	
La-7	5 753		R-10	528	
Yak-3	4 848		Li-2	2 258	10)
P-39 Airacobra	4 952		C46 Commando	1	
P-63 Kingcobra	2 400		C-47 Dakota	707	
P-40 Tomahawk, Warhawk			O-52 Owl	19	
	2 397		AT-6 Texan	82	
P-47 Thunderbolt	195		PBN-1 Nomad	137	
Hurricane	2 952		PBT-6A Catalina	48	
Spitfire	1 351		OS2U Kingfisher	2	
TB-3	818		Lancastar	2	
SB, Ar-2	6 831		Stirling	some	
Su-2	793				
Yak-4	201		Notes:		
Pe-2	11 427	4)	1) 322 produced before June 22, 1941		
Tu-2	764	5)	2) 1301 produced before June 22, 1941		
DB-3	1 909		3) 399 produced before June 22, 1941		
Il-4 (DB-3f)	5 256		4) 458 produced before June 22, 1941		
Yer-2	458	6)	5) 1763 produced after the War.		
Pe-8	79	7)	6) 80 produced before June 22, 1941		
Il-2	36 163	8)	7) 11 produced before June 22, 1941		
Il-10	466	9)	8) 249 produced before June 22, 1941		
HP Hampden	25		9) 4500 produced after the War.		
AW Arbemarle	14		10) 3899 produced after the War.		
A-20 Havoc	2 908				
B-25 Mitchell	862		See separate appendix for a type list of		
B-24 Liberator	over 20		the aircraft of the Naval AF and the Air		
B-17 Flying Fortress	over 10		Defence units.		

VICTORIES AND LOSSES

The Soviet fighters claimed a total of about 40 000 aerial victories during the war. Of these the pilots of the Naval Air Forces claimed 4 900 and the pilots of the Air Defence Fighter Units claimed 3 900.

The losses of the Soviet Air Force were extremely heavy. Over 18 400 officer pilots were killed in action and another 20 600 went missing in action or were taken prisoners.

E. g. in 1942 of all officer pilots 24 % were lost and in 1943 the losses increased being over 39 % of all officer pilots in air combat.

The aircraft losses were divided as follows:

	In use 22.6.41	Deliveries 1941-45	Total losses/ combat losses
Bombers	8.400	19.200	17.900/10.000
Ground-attack aircraft	100	33.600	23.600/12.400
Fighters	11.500	62.800	46.800/20.700
Combat a/c, total	20.000	115.600	88.300/43.100
Trainers, transport and other a/c	12.100	22.900	18.100/3.000
Total number of aircraft	32.100	138.500	106.400/46.100

FIGHTER AVIATION

During the latter half of the 1930's and still at the beginning of the Great Patriotic War, the most common Soviet Fighter types were the I-16, I-15bis (I-152) and I-153 designed by Polikarpov. Produktion of the new fighter generation (LaGG-3, MiG-3 and Yak-1 fighters) began in late 1940.

On June 22,1941, the air forces of the Baltic, Byelo-Russian, Kiev and Odessa Military Districts consisted of over 10 000 aircraft and of these about 1 000 belonged to the new fighter generation.

During the blitzkrieg attacks of the first day of the Great Patriotic War the Germans destroyed as many as 1 136 Soviet aircraft (800 of them on the ground). From 1942 the war industry, which had been evacuated to Siberia, was, however, capable of replacing the serious aircraft losses of the first year of war with new high -performance Yak-7, La-5 and Yak-9 fighters.

From summer 1943 onwards the Soviet fighters were equal in quantity and partly in quality to the German fighters. A year later introduced much improved La-7 and Yak-3 fighters gave the Soviet Union an increasing supremacy in quantity.

From autumn 1941 the United States and Britain provided the Soviet Union with additional aircraft delivered under the "lend-lease" agreement including Airacobra, Kingcobra, Kittyhawk, Tomahawk, Thunderbolt, Hurricane and Spitfire fighters. The number of these aircraft represented, however, only a small part of the total number of fighters in the Soviet Air Force.

BOMBER AVIATION

In the 1930's the bomber aviation was functionally divided into light bomber aviation (legkaya bombardirovochnaya aviatsiya LBA) equipped mainly with Polikarpov R-5 and heavy bomber aviation (tyazhelaya BA) equipped with Tupolev TB-3.

When the Tupolev SB and Ilyushin DB-3 aircraft were produced in 1938-39 the bomber aviation was reorganized into close support bomber aviation (blizhnaya BA) and long-range aviation (dal'naya aviatsiya).

In 1940 dive bomber regiments were organized, equipped with Petlyakov Pe-2 aircraft, while the DA received Ilyushin Il-4, Petlyakov Pe-8 and Yermolayev Yer-2 planes. From 1943 the bomber regiments were also given Tupolev Tu-2's and Douglas Havocs.

The DA had meanwhile been trnsformed into an independent Long-Range Aviation (Aviatsiya Dal'naya Destviya or ADD, formed on March 5, 1942) and equipped with Pe-8's, modified Lisunov Li-2's (licensemanufactured Douglas DC-3), Il-4's and North American Mitchells. On December 6, 1944 the ADD was transformed into the 18 Air Army (Vozduzhnaya Armiya).

In 1942-43 a number of light night bombing regiments (LNBAP) equipped Polikarpov Po-2's were formed. Among the most famous LNBAP's is the 46 Guards NBAP (ex-588 NBAP, Guards' Award on February 8, 1943), the crew of which consisted entirely of women - commanders, pilots and mechanics included.

MINE-TORPEDO AVIATION

The mine-torpedo aviation (Minno-torpednaya aviatsiya) was formed as a separate category of naval aviation in 1939-40. The main purpose was anti-shipping warfare with torpedoes and mines. The aircraft used to be equipped with bombcarrying gear as well. Mines up to 1 000 kg were used.

The mine-torpedo aviation was employed both in consentrated, massive attacks by whole unit, in succesive attacks by squadrons or flights and in "free hunting" by a small number or even by single aircraft over the sea.

The mine-torpedo regiments were mainly equipped with Ilyushin DB-3's and Il-4's in 1941-42. Later on they were also given Douglas A-20G Havocs modified for torpedo carrying.

GROUND-ATTACK AVIATION

The first ground-attack aviation *(Shturmovaya aviatsiya)* were formed already during the Civil War in Russia in 1919. Much attention was paid to this specific type of aviation in the development of the Soviet Air Force.

The role of ground-attack aviation in the Great Patriotic War is closely connected with the development of the Ilyushin Il-2 *"Shturmovik"*, which was called the "Flying Tank" by Soviets and the "Black Death" by the Germans. It was procuded in quantity from 1941 with a total production of over 36 000.

The Shturmovik was used in big formations, mainly supporting ground forces when they were attacking enemy tank formations and against ground positions, aerodromes, harbours and even against shipping. In mid-1944 no less than 150 ground-attack regiments *(ShAP)* were equipped with Il-2's.

HERO OF THE SOVIET UNION (HSU)

Hero of the Soviet Union *(Geroi Sovietskogo Soyuza, GSS)* is the highest order of honour in the USSR and it`s token is a golden five-pointed star. It was awarded for the first time on April 20, 1934 to seven pilots who had rescued the crew of the research ship "Cheliuskin" in the Chukhotskoye Sea north of the Bering Strait.

Before the outbreak of the Great Patriotic War, 181 pilots had been decorated as HSUs and four had been decorated twice. Many of these pilot heros had distinguished themselves in the Spanish Civil War in 1936-37, in Khazan, Manchuria in 1938, in Khlakin-Gol, Mongolia in 1939 and in the Finno-Russian Winter War in 1939-40. After the Winter War 90 pilots (17 of them from the Baltic Fleet Air Force) were decorated as HSUs.

The first pilot HSUs of the Great Patriotic War were decorated on July 8, 1941 (Sub. Lts. M.P. Zhukov, S.I. Zdorovtsev and P.T. Kharitonov of the 158 Fighter Regiment on the Leningrad Front).

In August 1941 an order was issued by the People's Commissariate of Defence outlining certain rules for awarding fighter aces. According to this decree orders were awarded for three to six victories, while finally the HSU distinction was awarded against nine air victories.

For various reasons, there were many deviations from this rule especially towards the end of the war. As a curiosity it may be mentioned here that each double HSU is honoured with a statue erected in his home locality.

During the war altogether 2 420 pilots (of whom 895 were fighter pilots) were decorated as HSUs, 65 pilots (26 fighter pilots) were decorated twice and two fighter pilots I.N. Kozhedub (who achieved 62 aerial victories) and A.I. Pokryshkin (59 aerial victories) three times.

Altogether 23 women of the 46 *GvNBAP* were awarded HSU's out of the total of approximately 510 bomber pilots awarded with HSU in the Great Patriotic War. Of them 243 were from *ADD* and 23 from the Navy.

About 840 ground-attack pilots were awarded HSU's (40 of them were from the Navy), 27 of which were decorated twice (including three Navy pilots).

All arms included, 11 635 single HSU orders, 115 double HSU orders and three triple HSU orders were awarded during the Great Patriotic War.

Double and triple Heroes of the Soviet Union

Name (death date if posthumous award)	HSU award dates	Rank, position	Regiment, division, aviation corps, air army, front	Missions/combats/victories (personal+shared) (total numbers when applicable)
Alekseyenko V.A.	19.4.45	kap., kom.esk.	15 GvShAP, 277 ShAD, 1 VA, 3 Belor.fr.	292
	29.6.45	maj., zam.kom. polka	15 GvShAP, 277 ShAD, 1 VA, 3 Belor.fr.	
Alelyukhin A.V	24.8.43	kap., kom.esk.	9 GvIAP, 6 GvIAD, 8 VA, Yuzhn.fr.	600/258/40(17)
	1.11.43	kap., kom.esk.	9 GvIAP, 6 GvIAD, 8 VA, 4 Ukr.fr.	
Amet-Khan S.	24.8.43	kapt., kom.esk.	9 GvIAP, 6 GvIAD, 8 VA, Yuzhn.fr.	603/150/30+19
	29.6.45	maj., pom.kom. polka	9 GvIAP, 6 GvIAD, 1 VA, 3 Belor.fr.	taran 31.5.42
Andrianov V.I.	1.7.44	ml.lt., kom. zvena	667 ShAP, 202 ShAD, 5 VA, 2 Ukr.fr.	177/37/6
	27.6.45	kap., kom.esk.	141 GvShAP, 9 GvShAD, 2 VA, 1 Ukr.fr.	
Beda L.I.	26.10.44	st.lt., kom.esk.	75 GvShAP, 1 GvShAD, 8 VA, 4 Ukr.fr.	214
	29.6.45	maj., pom.kom. polka	75 GvShAP, 1 GvShAD, 1 VA, 3 Belor.fr.	
Begel'dinov T.Ya.	26.10.44	ml.lt., zam.kom.esk.	144 GvShAP, 9 GvShAD, 5 VA, 2 Ukr.fr.	>300
	27.6.45	kap., kom.esk.	144 GvShAP, 9 GvShAD, 1 GvShAK, 2 VA, 1 Ukr.fr.	
Beregovoj G.T.	26.10.44	kap., kom.esk.	90 GvShAP, 4 GvShAD, 5 ShAK, 5 VA, 2 Ukr.fr.	185
	1.11.68	gen.-lt., cosmonaut	Soyuz-3 spacecraft; 26.-30.10.68	
Bondarenko M.Z.	6.6.42	lt., kom.esk.	198 ShAP, 4 UAG, Stavka VGK	230
	24.8.43	maj., shturman polka	198 ShAP, 233 ShAD, 1 VA, Zap.fr.	
Borovykh A.Ye.	24.8.43	ml.lt., kom.zv.	157 IAP, 273 IAD, 6 IAK, 16 VA, Tsentr.fr.	600/>150/32+14
	23.2.45	kap., kom.esk.	157 IAP, 234 IAD, 6 IAK, 16 VA, 1 Belor.fr.	
Brandys A.Ya.	23.2.45	st.lt., zam kom.esk.	75 GvShAP, 1 GvShAD, 8 VA, 4 Ukr.fr.	228
	29.6.45	kap., kom esk.	75 GvShAP, 1 GvShAD, 1 VA, 3 Belor.fr.	
Chelnokov N.V.	14.6.42	kap., kom. polka	57 ShAP, 8 BABr VVS KBF	277
	19.8.44	podp., kom. polka	8 GvShAP, 11 ShAD VVS KBF	
Denisov S.P.	4.7.37	st.lt., kom. IAO	commander of Fighter Unit in Spain	Spain: 13 victories
	21.3.40	komdiv, kom. VVS 7.A	commander of 7. Army AF in the Winter War	
Fedorov Ye.P.	7.4.40	kap., kom.esk.	6 DBAP, 27 DBABr, 7 A, S.-Z.fr.	24(WW)+178
	29.6.45	podp., zam.kom.div.	2 GvAD, 2 GvAK ADD	
Gareyev M.G.	23.2.45	kap., kom.esk.	76 GvShAP, 1 GvShAP, 1 VA, 3 Belor.fr.	250
	19.4.45	maj., kom.esk.	76 GvShAP, 1 GvShAP, 1 VA, 3 Belor.fr.	
Glinka D.B.	21.4.43	st.lt., pom.kom. polka	45 IAP, 216 SAD, 4 VA, Sev.-Kavk.fr.	300/>90/50
	24.8.43	kap., pom.kom. polka	100 GvIAP, 9 GvIAD, 4 VA, Sev.-Kavk.fr.	
Golovachev P.Ya.	1.11.43	st.lt., kom. zvena	9 GvIAP, 6 GvIAD, 8 VA, 4 Ukr.fr.	457/125/31+1
	29.6.45	kap., zam.kom.esk.	9 GvIAP, 303 IAD, 1 VA, 3 Belor.fr.	taran 30.12.44
Golubev V.M.	12.8.42	st.lt., kom. zvena	285 ShAP, S.-Z.fr.	>157
	24.8.43	kap., kom.esk.	58 GvShAP, 2 GvShAP, 16 VA, Tsentr.fr.	
Gritsevets S.I.	22.2.39	maj., kom.esk.	commanded I-16 equipped IAE in Spain	Spain: 30+7 victories

Name	Date	Rank/Position	Unit	Statistics
(died 16.9.39)	29.8.39	maj., kom. polka	commanded I-153 equipped IAP at Khalkin-Gol	Khalkhin-Gol: 12 victories
Gulayev N.D.	28.9.43	st.lt., zam.kom.esk.	27 IAP, 205 IAD, 5 IAK, 2 VA, Voron.fr.	>240/>69/57+4
	1.7.44	kap., kom. polka	129 GvIAP, 205 IAD, 7 IAK, 5 VA, 2 Ukr.fr.	taran 14.5.43
Kamozin P.M.	1.5.43	ml.lt., zam.kom.esk.	269 IAP, 236 IAD, 5 VA, Sev.-Kavk.fr.	>131/56/35+13
	1.7.44	kap., kom.esk.	66 GvIAP, 329 IAD, 4 VA, 2 Belor.fr.	
Karpov A.T.	28.9.43	kap., kom.esk.	27 GvIAP, 2 GvIAK PVO	500/97/28+8
	22.8.44	kap. kom.esk.	27 GvIAP, 2 GvIAK PVO	
Khrukin T.T.	22.2.39	kap., kom.esk.	SBAE, China	China: 16 missions
	19.4.45	gen.-polk., kom. VA	1 VA, 3 Belor.fr.	
Klubov A.F.	13.4.44	kap., zam.kom.esk.	16 GvIAP, 9 GvIAD, 8 VA, Yuzhn.fr.	457/95/31+19
(died 1.11.44)	27.6.45	kap., pom.kom. polka	16 GvIAP, 9 GvIAD, 6 GvIAK, 2 VA, 1 Ukr.fr.	
Kokkinaki V.K.	17.7.38	test-pilot	Moscow-Vladivostok non-stop flight with TsKB-26	(27-28.6.38)
	17.9.57	gen.-maj.	NII VVS test-pilot, tested more than 40 prototypes	
Koldunov A.I.	2.8.44	kap., kom.esk.	866 IAP, 288 IAD, 17 VA, 3 Ukr.fr.	412/96/46
	23.2.48	maj.		
Kozhedub I.N.	4.2.44	st.lt., kom.esk.	240 IAP, 302 IAD, 5 VA, St.fr.	330/120/62
	19.8.44	kap., zam.kom. polka	176 GvIAP, 302 IAD, 16 VA, 1 Belor.fr.	
	18.8.45	maj., zam.kom. polka	176 GvIAP, 16 VA, 1 Belor.fr.	
Kravchenko G.P.	22.2.39	st.lt., kom.esk.	IAP (China)	China: 25 missions, 3 victories
	9.8.39	maj., kom. polka	22 IAP (Khalkhin-Gol)	Khalkin-Gol: 5 victories
Kretov S.I.	13.3.44	kap., kom.esk.	24 GvAP, 50 AD, 6 AK ADD	400/ /10
	23.2.48	maj.		
Kungurtsev Ye.M.	23.2.45	st.lt., kom. zvena	15 GvShAP, 277 ShAD, 13 VA, Len.fr.	210/ /1+6
	19.4.45	st.lt., kom.esk.	15 GvShAP, 277 ShAD, 1 VA, 3 Belor.fr.	
Kutakhov P.S.	1.5.43	maj., kom.esk.	19 GIAP, 258 IAD, 7 VA, Kar.Fr.	367/79/14+28
	15.8.84	gl. marshal av.	AF commander	
Kuznetsov M.V.	8.9.43	maj., kom. polka	814 IAP, 207 IAD, 3 SAK, 17 VA, Yuzhn.fr.	345/72/21+6
	27.6.45	maj., kom. polka	106 GvIAP, 11 GvIAD, 2 GvShAK, 2 VA, 1 Ukr.fr.	
Lavrinenkov V.D.	1.5.43	ml.lt., zam.kom.esk.	9 GvIAP, 268 IAD, 8 VA, Yuzhn.fr.	500/>134/35+11
	1.7.44	maj., kom.esk.	9 GvIAP, 6 GvIAD, 8 VA, 4 Ukr.fr.	taran 23.8.43
Luganskiy S.D.	2.9.43	kap., kom.esk.	270 IAP, 203 IAD, 1 ShAK, 5 VA, St.Fr.	390/ /37+6
	1.7.44	maj., kom.esk.	270 IAP, 12 GvIAD, 1 GvShAK, 5 VA, 2 Ukr.Fr.	2 tarans: 14.9.42 and n.1.44
Mazurenko A.Ye.	23.10.42	ml.lt.	57 AP, 8 BABr VVS KBF	>300
	5.11.44	polk., kom. polka	7 GvShAP, 9 ShAD VVS KBF	
Mikhajlichenko I.Kh.	1.7.44	lt.	667 ShAP, 292 ShAP, 1 ShAK, 5 VA, 2 Ukr.fr.	179/48/4+8
	27.6.45	st.lt., kom.esk.	141 GvShAP, 9 GvShAD, 1 GvShAK, 2 VA, 1 Ukr.fr.	
Molodchij A.I.	22.10.41	ml.lt., zam.kom.esk.	420 BAP, 3 AD DBA	390
	31.12.42	kap., zam.kom.esk.	2 GvAP, 3 AD ADD	
Mykhlik V.I.	23.2.45	st.lt., shturman polka	566 ShAP, 277 ShAD, 13 VA, Len.fr.	187
	29.6.45	kap., kom.esk.	566 ShAP, 277 ShAD, 1 VA, 3 Belor.fr.	
Myl'nikov G.M.	23.2.45	kap., kom.esk.	15 GvShAP, 277 ShAD, 13 VA, Len.fr.	223
	19.4.45	maj., kom.esk.	15 GvShAP, 277 ShAD, 1 VA, 3 Belor.fr.	
Nedbajlo A.K.	19.4.45	st.lt., kom.esk.	75 GvShAP, 1 GvShAD, 1 VA, 3 Belor.fr.	224
	29.6.45	st.lt., kom.esk.	75 GvShAP, 1 GvShAD, 1 VA, 3 Belor.fr.	
Novikov A.A.	17.4.45	gl.marshal av., kom. VVS KA	Air Force commander	
	8.9.45	gl.marshal av., kom. VVS KA	Air Force commander	
Odintsov M.P.	4.2.44	st.lt., kom.esk.	820 ShAP, 292 ShAD, 1 ShAK, 5 VA, St.fr.	215/ /2
	27.6.45	maj., zam.kom. polka	155 GvShAP, 9 GvShAD, 1 GvShAK, 2 VA, 1 Ukr.fr.	
Osipov V.N.	20.7.42	st.lt.	81 AP, 50 AD ADD	374
	13.3.44	kap., zam.kom.esk.	5 GvAP, 6 AK ADD	
Parshin G.M.	19.8.44	kap., kom.esk.	943 ShAP, 277 ShAD, 13 VA, Len.fr.	253/ /10
	19.4.45	maj., shurm. polka	943 ShAP, 277 ShAD, 1 VA, 3 Belor.fr.	
Pavlov I.F.	4.2.44	st.lt., kom. zvena	6 GvOShAP, 3 VA, Kal.fr.	250/ /3
	23.2.45	kap., kom.esk.	6 GvOShAP, 3 VA, 1 Prib.fr.	
Plotnikov P.A.	19.8.44	kap., kom.esk.	81 GvBAP, 1 GvBAD, 2 GvBAK, 5 VA, 2 Ukr.fr.	343/ /3
	27.6.45	kap., kom.esk.	81 GvBAP, 1 GvBAD, 6 GvBAK, 2 VA, 1 Ukr.fr.	
Pokryshev P.A.	10.2.43	kap., kom.esk.	154 IAP, 13 VA, Len.fr.	>282/50/(38+8)22+7
	24.8.43	maj., kom. polka	159 IAP, 275 IAD, 13 VA, Len.fr.	
Pokryshkin A.I.	24.5.43	kap., kom.esk.	16 GvIAP, 216 SAD, 4 VA, Sev.-Kavk.fr.	600/156/59
	24.8.43	maj., kom.esk.	16 GvIAP, 9 GvIAD, 4 VA, Sev.-Kavk.fr.	
	19.8.44	polk., kom. polka	16 GvIAP, 9 GvIAD, 7 IAK, 8 VA, 1 Ukr.fr.	
Polbin I.S.	23.11.42	polk., kom. polka	150 SBAP, St.fr.	157
(died 11.2.45)	6.4.45	gen.-maj., kom. korpusa	2 GvBAK, 2 VA, 1 Ukr.fr.	
Popkov V.I.	8.9.43	ml.lt., kom. zvena	5 GvIAP, 207 IAD, 3 SAK, 17 VA, Yuzhn.fr.	325/107/41
	27.6.45	kap., kom.esk.	5 GvIAP, 11 GvIAD, 2 GvShAK, 2 VA, 1 Ukr.fr.	
Prokhorov A.N.	19.4.45	st.lt., kom.esk.	15 GvShAP, 277 ShAD, 1 VA, 3 Belor.fr.	236
	29.6.45	kap., kom.esk.	15 GvShAP, 277 ShAD, 1 VA, 3 Belor.fr.	
Rakov V.I.	7.2.40	kap., kom.esk.	57 BAP VVS KBF	>170
	22.7.44	podp., kom. polka	12 GvBAP, 8 MTAD VVS KBF	
Rechkalov G.A.	24.5.43	st.lt., kom. zvena	16 GvIAP, 216 SAD, 4 VA, Sev.-Kavk.fr.	609/122/56+5
	1.7.44	kap., zam.kom. polka	16 GvIAP, 9 GvIAD, 7 IAK, 5 VA, 2 Ukr.fr.	
Ryazanov A.K.	24.8.43	maj., kom.esk.	4 IAP, 287 IAD, 4 VA, Sev.-Kavk.fr.	509/97/31+16
	18.8.45	maj., zam.kom. polka	4 IAP, 185 IAD, 14 IAK, 15 VA, 2 Prib.fr.	
Ryazanov V.G.	22.2.44	gen.-lt., kom. korpusa	1 GvShAK, 5 VA, St.fr.	
	18.6.45	gen.-lt., kom. korpusa	1 GvShAK, 2 VA, 1 Ukr.Fr.	

Name	Date	Rank/Position	Unit	Notes
Safonov B.F.	16.9.41	kap., kom.esk.	72 SAP VVS SF	234/ /22+3
(died 30.5.42)	14.6.42	podp., kom. polka	2 GvSAP VVS SF	
Savitskiy Ye.Ya.	11.5.44	gen.-maj., kom. korpusa	3 IAK, 8 VA, 4 Ukr.fr.	216/81/22+2
	2.6.45	gen.-lt., kom.korpusa	3 IAK, 16 VA, 1 Belor.fr.	
Semejko N.I.	19.4.45	st.lt., shturm.esk.	75 GvShAP, 1 GvShAD, 1 VA, 3 Belor.fr.	227
(died 20.4.45)	29.6.45	kap., shturm. polka	75 GvShAP, 1 GvShAD, 1 VA, 3 Belor.fr.	taran 20.4.45
Sen'ko V.V.	25.3.43	ml.lt.	752 AP, 24 AD ADD	430
	29.6.45	kap., shturm. zvena	10 GvAP, 3 GvAD, 3 GvAK, 18 VA	
Sivkov G.F.	4.2.44	st.lt., kom.esk.	210 ShAP, 230 ShAD, 4 VA, Sev.-Kavk.fr.	181(247)
	18.8.45	kap., shturm. polka	210 ShAP, 136 GvShAP, 10 ShAK, 17 VA, 3 Ukr.fr.	
Skomorokhov N.M.	23.2.45	kap., kom.esk.	31 IAP, 295 IAD, 9 SAK, 17 VA, 3 Ukr.fr.	605/143/46+8
	18.8.45	maj., kom.esk.	31 IAP, 295 IAD, 17 VA, 3 Ukr.fr.	
Smirnov A.S.	28.9.43	kap., zam.kom.esk.	28 GvIAP, 5 GvIAD, 6 VA, S.-Z.fr.	457/72/34+15
	23.2.45	maj., kom.esk.	28 GvIAP, 5 GvIAD, 11 IAK, 3 VA, 1 Prib.fr.	
Smushkevich Ya.V.	21.6.37	komdiv	aviation adviser in Spain	
	17.11.39	komkor, zam.kom. VVS RKKA	Air Force deputy commander	
Stepanenko I.N.	13.4.44	st.lt., zam.kom.esk.	4 IAP, 11 SAK, 15 VA, Br.fr.	414/118/33+8
	18.8.45	maj., kom.esk.	4 IAP, 185 IAD, 14 IAK, 15 VA, 2 Prib.fr.	
Stepanishchev M.T.	26.10.44	kap., shturm. polka	76 GvShAP, 1 GvShAD, 8 VA, 4 Ukr.fr.	234
	29.6.45	maj., zam.kom. polka	76 GvShAP, 1 GvShAD, 1 VA, 3 Belor.fr.	
Stepanyan N.G.	23.10.42	ml.lt., kom. zvena	57 ShAP, 8 BABr VVS KBF	243/36/2
(died 4.12.44)	6.3.45	podp., kom. polka	47 ShAP, 11 ShAD VVS KBF	
Stolyarov N.G.	1.7.44	lt., kom. zvena	667 ShAP, 292 ShAD, 1 ShAK, 5 VA, 2 Ukr.fr.	185
	27.6.45	kap., shturm. polka	141 GvShAP, 3 GvShAD, 1 GvShAK, 2 VA, 1 Ukr.fr.	
Suprun S.P.	20.5.40	maj., kom. IAG	commanded IAG (China)	China: 2 victories
(died 4.7.41)	22.7.41	podp., kom. polka	401 IAP, 23 SAD, Zap.fr.	/ /2
Taran P.A.	20.6.42	st.lt., kom. zvena	81 AP, 50 AD ADD	386
	13.3.44	maj., kom.esk.	5 GvAP, 50 AD, 6 AK ADD	
Vorobyev I.A.	19.8.44	st.lt., kom zv.	76 GvShAP, 1 GvShAD, 8 VA, 4 Ukr.fr.	430
	29.6.45	maj., kom.esk.	76 GvShAP, 1 GvShAD, 1 VA, 3 Belor.fr.	
Vorozheikin A.V.	4.2.44	kap., kom.esk.	728 IAP, 256 IAD, 5 IAK, 2 VA, 1 Ukr.fr.	240/>90/52
	19.8.44	maj., zam.kom. polka	32 GvIAP, 3 GvIAD, 1 GvIAK, 3 VA, 1 Prib.fr.	
Yefimov A.N.	26.10.44	st.lt., kom.esk.	198 ShAP, 233 ShAD, 4 VA, 2 Belor.fr.	222
	18.8.45	kap., shturm. polka	62 ShAP, 233 ShAD, 4 VA, 2 Belor.fr.	
Yefremov V.S.	1.5.43	kap., kom.esk.	10 GvBAP, 270 BAD, 8 VA, Yuzhn.fr.	>340
	24.8.43	maj., kom.esk.	10 GvBAP, 270 BAD, 8 VA, Yuzhn.fr.	
Yevstigneyev K.A.	2.8.44	st.lt., kom.esk.	240 IAP, 302 IAD, 4 IAK, 5 VA, 2 Ukr.fr.	>300/>120/53+3
	23.2.45	kap., kom.esk.	178 GvIAP, 14 GvIAD, 3 GvIAK, 5 VA, 2 Ukr.fr.	
Zajtsev V.A.	5.5.42	maj., shturm. polka	5 GvIAP, Kal.fr.	427/163/34+19
	24.8.43	podp., shturm. polka	5 GvIAP, 207 IAD, 3 SAK, 17 VA, Yuzhn.fr.	

GUARDS UNITS

The first Guards Units of the Red Army were established on September 18, 1941. The epithet "Guards" was an honorary title awarded to specially distinguished units. These were presented with a special Guards banner (see page 29); the officers' ranks were prefixed "Guards" (e.g. "Guards Captain"), and the soldiers in service with the unit were awarded the Guards mark to bear on their uniforms.

Also the number of the unit usually changed in connection with its nomination to Guards. The first Guards Aviation Regiments were nominated on December 6, 1941, and by the end of the war altogether 288 flying units had been awarded the honorary title of the Guards.

The units could also be awarded other honorary titles and orders (for instance, in honour of different heroes and battles) to be added to the official name of each particular unit. Thus, for instance, at the end of the war the complete official name of the 2 Guards Fighter Aviation Regiment of the Northern Fleet was as follows: "The Pechenga, Red Banner, Safonov's Second Guards Fighter Aviation Regiment of the Air Force of the Northern Fleet".

Altogether 708 flying units were awarded honorary distinctions during the war.

Below are listed known Guards unit:

Guards Fighter Aviation Corps (IAK) of VVS KA (Red Army Air Forces)

Guards corps	Original corps	Guards date	Commander
1	1	18.3.43	Beletskiy Ye.M., Maj.Gen.
2	7 (PVO)	7.7.43	Yerlykin Ye.Ye., Maj.Gen.
3	4	2.7.44	Podornyy I.D., Maj.Gen.
6	7	27.10.44	Utin A.V., Maj.Gen.

Guards Bomber Aviation Corps (BAK) of VVS KA

Guards corps	Original corps	Guards date	Commander
1	2 BAK	2.9.43	Ushakov V.A., Maj.Gen.
2	1 BAK	5.2.44	Polbin I.S., Maj.Gen.
5	1 Gv.BAK	26.12.44	Ushakov V.A., Lt.Gen.
6	2 Gv.BAK	26.12.44	Polbin I.S., Maj.Gen.

Guards Ground-attack Aviation Corps (ShAK) of VVS KA

Guards corps	Original corps	Guards date	Commander
1	1 ShAK	5.2.44	Ryazanov V.G., Lt.Gen.
2	1 Gv.ShAK	28.9.44	Aladinskiy B.I., Lt.Gen.
3	2 ShAK	27.10.44	Stepichev V.V., Lt.Gen.

Guards Mixed Aviation Corps (SAK) of VVS KA

Guards corps	Original corps	Guards date	Commander
1	3	24.8.43	Aladinskiy V.I., Maj.Gen.

Guards Fighter Aviation Divisions (IAD) of VVS KA

Guards division	Original division	Guards date	Commander
1	220	31.1.43	Utin A.V., Col.
2	102	31.3.43	Puntus I.G., Col.
3	210	18.3.43	Ukhov V.P., Col.
4	274	17.3.43	Kitayev V.A., Col.
5	239	17.3.43	Ivanov G.A., Col.
6	268	17.3.43	Sidnev B.A., Col.
7	209	1.5.43	Zabaluyev V.M., Col.
8	217	1.5.43	Galunov D.P. Maj.Gen.
9	216	16.6.43	Dzusov I.M., Col.
10	210	25.8.43	Zhukov A.P., Maj.Gen.
11	207	25.8.43	
12	203		Baranchuk K.G., Maj.Gen.
13	294	2.7.44	Taranenko I.A., Col.
14	302	2.7.44	Yudakov A.P., Col.
22	205	27.10.44	Goreglyad, Lt.Col.

Guards Bomber Aviation Divisions (BAD) of VVS RK

Guards division	Original division	Guards date	Commander
1	263	17.3.43	Dobysh P.I., Lt.Col.
2	272	17.3.43	Kuznetsov P.O., Lt.Col.
3	204	2.9.43	Andreyev S.P., Lt.Col.
6	270	23.10.43	Chuchov G.A.
9	271	19.8.44	Rasskazov K.I.

Guards Ground-attack Aviation Divisions (ShAD) of VVS KA

Guards division	Original division	Guards date	Commander
1	226	17.3.43	Boldyrikhin F.Z., Lt.Col.
2	228	17.3.43	Komarov G.I., Col.
3	243	17.3.43	Sukhorebrikov G.A., Col.
4	212	1.5.43	Bajdukov G.F. , Maj.Gen.
5	267	1.5.43	Kolomijtsev L.V., Lt.Col.
6	232	2.9.43	Vasile'yev A.G., Col.
8			Fetisov A.S., Lt.Col.
9	292		Kamanin N.A., Gen.
10	291	5.2.44	Vitruk A.N., Maj.Gen.
11	299	19.8.44	Krupskiy I.V., Gen.

Guards Mixed Aviation Division (SAD) of VVS KA

Guards division	Original division	Guards date	Commander
1	258	25.8.43	Shanin G.A., Col.

Guards regiments of VVS KA (Red Army Air Forces)

Guards regiment	Original regiment	Guards date	Commander
1	29 IAP	6.12.41	Yudakov A.P., Major.
2	526 IAP	6.12.41	Metelin P.M., Major.
3	155 IAP	6.12.41	Shpak D.S., Major.
4	31 PBAP	6.12.41	Dobysh F.I., Lt.Col.
5	129 IAP	6.12.41	Berkal' Yu.M., Major
6	215 ShAP	6.12.41	Rejko L.D., Lt.Col.
7	4 ShAP	7.3.42	Get'man S.G, Lt.Col.
8	5 BAP	7.3.42	Kucherkov G.S., Lt.Col.
9	69 IAP	7.3.42	Shestakov L.A., Major
10	33 BAP	7.3.42	Pushkarev F.S., Col.
11	44 IAP PVO	7.3.42	Blagoveshchenskiy V.S., Lt.Col.
12	20 IAP PVO	7.3.42	Pisanko A.S., Lt.Col.
13	43 BAP	7.3.42	Chuk I.G., Major
14	7 IAP	7.3.42	Galitsin G.M., Lt.Col.
15	174 ShAP	7.3.42	Polyakov S.N., Major
16	55 IAP	7.3.42	Ivanov V.P., Major
17	65 ShAP	7.3.42	Belousov V.I., Lt.Col.
18	6 IAP PVO	7.3.42	Chertov S.I., Major
19	145 IAP	7.3.42	Rejfshneider G.A., Major
20	147 IAP	7.3.42	Shevelev P.Z., Major
21	38 IAP	3.5.42	Ozheredov S.A.
22	1 NBAP	21.11.42	Donchenko S.A., Lt.Col.
23	695 NBAP	21.11.42	Yudin N.D., Major
24	700 NBAP	21.11.42	Yakhnis I.S., Major
25	709 NBAP	21.11.42	Khoroshikh M.G., Major
26	26 IAP PVO	21.11.42	Petrov G.G., Major
27	123 IAP PVO	21.11.42	Mishchenko F.M., Lt.Col.
28	153 IAP	21.11.42	Mironov S.I., Lt.Col.
29	154 IAP	21.11.42	Matveyev A.A., Lt.Col.
30	180 IAP	21.11.42	Khlusovich I.M., Major
31	273 IAP	21.11.42	Suvorov I.P., Major
32	434 IAP	21.11.42	Kleshchev I.I., Major
33	288 ShAP	21.11.42	Vasilyev S.M., Major
34	44 SBAP	21.11.42	Kolokol'tsev M.N., Lt.Col.
35	150 BAP	21.11.42	Novikov V.A., Major
36	514 BAP	21.11.42	Lozenko P.S., Major
38	629 IAP PVO	11.4.43	Yezhov V.S., Major
39	731 IAP PVO	11.4.43	Leshko D.K., Major
40	131 IAP	8.2.43	Davidov V.I., Major
41	40 IAP	8.2.43	Chupikov P.F., Major
42	8 IAP	8.2.43	Kurbatov Ya.A., Lt.Col.
43	590 ShAP	8.2.43	Sokolov A.D., Lt.Col.
44	702 NBAP	8.2.43	Kiselev S.A., Capt.
45	901/680? NBAP	8.2.43	Menyayev A.A., Major
46	588 NBAP	8.2.43	Bershanskaya Ye.D., Major
47	2 DRAP GK KA	8.2.43	Tyurin T.R., Lt.Col.
48	40 DRAP GK KA	8.2.43	Sadov P.M., Lt.Col.
53	512 IAP	31.1.43	Motornyy I.P., Capt.
54	237 IAP	31.1.43	
55	581 IAP	31.1.43	
56	520 IAP	8.2.43	Chirba S.N., Lt.Col.
57	36 IAP	8.2.43	Osipov A.A., Major
58	285 ShAP	8.2.43	Koval' Ye.P., Major
59	688 ShAP	8.2.43	Sklyarov M.G., Capt.
60	596 NBAP	8.2.43	Ovodov A.A., Major
61	621 NBAP	8.2.43	Svistunov N.G., Lt.Col.
62	6 OAP GVF	8.2.43	Trutayev, Major
63	69 IAP		Fedotov A.A.?, Major
64	271 IAP	18.3.43	
65	653 IAP	18.3.43	
66	875 IAP	18.3.43	
67	436 IAP		Panov A.B., Lt.Col.
68	IAP		
69	169 IAP		
70	74 ShAP		
71	784 ShAP		
72	IAP		
73	296 IAP	3.5.43	Baranov N.I., Lt.Col.
74	504 ShAP	18.3.43	Prutkov N.I., Major
75	505 ShAP	18.3.43	Lyahovskiy N.F., Major
76	225 ShAP	18.3.43	
77	969 NBAP		
78	243 ShAP		

79	313 ShAP		
80	BAP		
81	BAP		
82	321 BAP		
83	572 IAP PVO	11.4.43	Koryakin V.A., Major
84	788 IAP PVO	11.4.43	Steblovskiy I.Ye., Major
85	83 IAP		
86	744 IAP	1.5.43	Najdenov S.N., Lt.Col.
87	7 OAP GVF	1.5.43	Chankotadze Sh.L.,Col.
88	166 IAP		
89	IAP		
90	ShAP		
91	ShAP		
92	ShAP		
93	808 ShAP		
94	843 ShAP		
95	950 ShAP		
96	99 BAP	16.6.43	Yakobson A.Yu., Col.
97	734 NBAP	16.6.43	Styazhkov A.V., Major
98	4 DRAP RGVK	16.6.43	Artemyev B.P., Lt.Col.
99	32 ORAP	16.6.43	Shchenikov N.P., Major
100	45 IAP		
101	84 IAP		
102	124 IAP PVO	7.7.43	Trunov M.G., Lt.Col.
103	158 IAP PVO	7.7.43	Ponomarchuk S.Ye., Bat.Commissar
104	298 IAP	25.8.43	Taranenko I.A., Lt.Col.
105	2 OAP GVF	25.8.43	Klusson Ye.T., Major
106	814 IAP	25.8.43	Kuznetsov M.V., Major
107	867 IAP	25.8.43	
108	299 ShAP		
109	625 ShAP		
110	775 ShAP		Zubanev N.I., Major
111	13 IAP	25.8.43	Kholodov I.M., Col.
112	236 IAP	25.8.43	Petukhov S.M., Major
113	437 IAP	25.8.43	Arestov B.K., Col.
114	137 BAP		
115	146 IAP	2.9.43	Dranko P.A., Major
116	563 IAP	2.9.43	Nenashev V.I., Lt.Col.
117	975 IAP	2.9.43	Grozhovetskiy G.I., Major
118	614 ShAP	2.9.43	Veroshchinskiy V.N. Lt.Col.
119	2 BAP		Markov G.M., Col.
120	1 OAP GVF		
121	BAP		
122	130 SBAP		Gavrilov S.N., Col.
123	261 BAP	3.9.43	Dymchenko V.I., Major
124	10 BAP		Nikolayev G.A., Lt.Col.
125	587 BAP		
126	224 BAP		Zhivolup M.A., Lt.Col.
127	BAP		
129	27 IAP	8.10.43	Bobrov V.I., Lt.Col.
130	ShAP		
131	ShAP		
133	42 IAP	8.10.43	Shinkarenko F.I., Lt.Col.
134	86 BAP	23.10.43	Belyj F.D., Lt.Col.
135	284 BAP	23.10.43	Valentik D.D., Lt.Col.
136	655 ShAP	23.10.43	Vanyukhin P.G., Lt.Col.
137	160 IAP		
139	20 IAP		Petrovets A.K.
140	66 ShAP		Stepanov, Major
141	667 ShAP		
142	ShAP		Matikov, Major
143	ShAP		
144	ShAP		
145	253 IAP PVO	9.10.43	Borovchenko G.T., Lt.Col.
146	487 IAP PVO	9.10.43	Zyuzya A.A., Major
147	630 IAP PVO	9.10.43	Novitskiy P.N., Lt.Col.
148	910 IAP PVO	9.10.43	Tereshkin A.A., Lt.Col.
150	183 IAP		
151	IAP		
152	270 IAP		Shevchuk V.M., Major
153	IAP		

154	211 ShAP		
155	820 ShAP		Chenetsov, Lt.Col.
156	247 IAP		
157	IAP		
159	88 IAP	4.44	Maksimenko V.I., Major
160	BAP		
161	BAP		
162	854 BAP		
163	249 IAP		Kozachenko P.K., Col.
164	366 ORAP		Bardeyeyev A.P., Major
165	61 ShAP	5.12.44	
166	ShAP		
167	617 ShAP		
173	218 ShAP	19.8.44	Lysenko N.K., Lt.Col.
174	431 ShAP	19.8.44	Plokhov P.G., Lt.Col.
175	874 ShAP	19.8.44	Volkov M.G., Major
176	19 IAP	19.8.44	Chupikov P.S., Col.
177	193 IAP		
178	240 IAP		
179	297 IAP		
180	IAP		
181	239 IAP		
184	439 IAP		
187	ShAP		
188	873 ShAP		
189	ShAP		
190	ShAP		
193	ORAP		Bystrov G.G., Col.
208	PlanernAP		
209	PlanernAP		
210	PlanernAP		
211	IAP		
212	438 IAP		
213	IAP		
214	TAP		
224	BAP		
225	OAP Svyazi		
226	BAP		
240	BAP		
250	BAP		
276	ShAP		

ADD Guards Corps (Gv.AK ADD)

Guards corps	Guards date	Commander
1	1.5.43	Yukhanov D.P., Gen.
2	1.5.43	Loginov Ye.F., Gen.
3	1.5.43	Volkov V.A., Gen.
4	1.5.43	Kovalev S.P., Col.
9	4.10.44	

ADD Guards Divisions (Gv.AD ADD)

Guards division	Original division	Guards date	Commander
1	3	24.3.43	Yukhanov D.P., Col.
2	17	24.3.43	Loginov Ye.F., Maj.Gen.
3	24	24.3.43	Volkov N.A., Col.
4	222	24.3.43	Titov F.V., Col.
9	62	18.9.43	Shchetnikov G.S.,Col.
10	1	5.11.44	

ADD Guards regiments (Gv.AP ADD)

Guards regiment	Original regiment	Guards date	Commander
1	1	18.8.42	Chirskov B.F., Lt.Col.
2	748	18.8.42	Mikryunov N.V., Lt.Col.
3	750	18.8.42	Shcherbakov A.I., Lt.Col.
4	250	18.8.42	Glushchenko I.I., Lt.Col.
5	81	18.8.42	Omel'chenko A.M., Maj.
6	4	25.3.43	Chemodanov S.I., Lt.Col.
7	7	25.3.43	Shchelkin V.A., Lt.Col.
8	751	25.3.43	Tikhonov V.F., Lt.Col.
9	749	25.3.43	Zajkin I.M., Lt.Col.
10	752	25.3.43	Brovko I.I., Lt.Col.
11	14	25.3.43	Blinov B.V., Maj.
12	103	25.3.43	Bozhko G.D., Col.
23	3	18.9.43	Shamanov G.A., Lt.Col.
24	21	18.9.43	Gusarev I.S., Lt.Col.
25	746	18.9.43	Abramov G.A., Lt.Col.
26	112	10.1.44	
28	42	19.8.44	
29	325		
30	455	19.8.44	Trekhin V.A., Lt.Col.
31	101	.9.44	Grizodubova V.S., Lt.Col.
32	102	24.12.44	Osipchuk B.P., Lt.Col.

Naval Aviation Guards Divisions (Gv._AD __F)

Guards division	Original division	Fleet	Guards date	Commander
1	3 IAD	KBF	25.7.43	Koreshkov V., Col.
2	1 MTAD	ChF	5.5.43	Kanarev A., Major

Naval Aviation Guards Regiments (Gv._AP __F)

Guards regiment	Original regiment	Fleet	Guards date	Commander
1	1MTAP	KBF	18.1.42	Preobrazhenskiy Ye.N., Lt.Col
2	72 IAP	SF	18.1.42	Tumanov I.K., Capt.
3	5 IAP	KBF	18.1.42	Kondrat'yev P.V., Maj.
4	13 IAP	KBF	18.1.42	Mikhajlov B.I., Maj.
5	2 MTAP	ChF	3.4.42	Tokarev N.A., Lt.Col
6	8 IAP	ChF	3.4.42	Yumashev K.I., Col.
7	57 ShAP	KBF	1.3.43	Khrolenko M.N., Maj.
8	18 ShAP	ChF	1.3.43	Gubriy A.A., Maj.
9	24 MTAP	SF	31.5.43	Kost'kin F.V., Maj.
10	71 IAP	KBF	31.5.43	Rassukov I.M., Lt.Col
11	32 IAP	ChF	22.1.44	Lyubimov I.S., Lt.Col
12	73 PBAP	KBF	22.1.44	Kurochkin M.A., Lt.Col
13	119 DBAP	ChF	22.1.44	Musatov N.A., Lt.Col
14	13 IAP	KBF	29.7.44	Mironenko A.A., Maj.
17	BAP	TOF	26.8.45	
19	IAP	TOF	28.8.45	
22	6 IAP	TOF	26.8.45	
26	ShAP	TOF	26.8.45	Nikolayev A.M., Major
34	PBAP	TOF	26.8.45	Druzdev N.I., Capt.
37	ShAP	TOF	22.8.45	Barbashinov M.N., Major
50	ORAP	TOF	26.8.45	Sidin I.A., Maj.
52	MTAP	TOF	26.8.45	Burkin M.I., Lt.Col.
61	IAP	TOF	28.8.45	

Soviet fighter aces

Note: Establishment of the exact number of victories of the Soviet aces is somewhat problematic, as the available data unfortunately is not always commensurable. Only rather seldom has the actual final data at the end of the war been published, and in many cases the available statistics refer to either the date of forwarding the application for the HSU-award from the respective aviation unit, while in some cases the data is relative to the date of the actual award (which generally is 3...9 months later). The above mentioned distinction has rather seldom been made in the Soviet literature.

Name	HSU-Unit+date(s)		Victories +shared	Combats	Missions
Kozhedub I.N.	4.2.44	240 IAP	62	120	>330
	19.8.44	176 GvIAP			
	18.8.45	176 GvIAP			
Pokryshkin A.I.	24.5.43	16 GvIAP	59	156	600
	24.8.43	16 GvIAP			
	19.8.44	9 GvIAD			
Gulayev N.D.	28.9.43	27 IAP	57 (one "taran")	69	>240
	1.7.44	129 GvIAP			
Rechkalov G.A.	24.5.43	16 GvIAP	56+5	122	609
	1.7.44	16 GvIAP			
Yevstigneyev K.A.	2.8.44	240 IAP	53+3	120	300
	23.2.45	178 GvIAP			
Vorozheikin A.V.	4.2.44	728 IAP	52	90	300
	19.8.44	32 GvIAP	(6 victories in KhalkinGol)		
Glinka D.B.	24.4.43	45 IAP	50	90	300
	24.8.43	100 GvIAP			
Serov V.			47		
Skomorokhov N.M.	22.2.45	31 IAP	46+8	143	605
	18.8.45	31 IAP			
Koldunov A.I.	2.8.44	866 IAP	46	96	>412
	23.2.48				
Kubarev V.N.	28.9.43	65 GvIAP	46		
Bobrov V.			46		
Morgunov S.N.	15.5.46	15 IAP	42		
Popkov V.I.	8.9.43	5 GvIAP	41	117	300
	27.6.45	5 GvIAP			
Alelyukhin A.V.	24.8.43	9 GvIAP	40+17	258	600
	1.11.43	9 GvIAP			
Golubev V.F.	23.10.42	4 GvIAP	39		
Luganskiy S.D.	2.9.43	270 IAP	37+6		390
	1.7.44	270 IAP	(two "tarans", 14.9.42 and 1.2.44)		
Pivovarov M.Ye.	15.5.46	402 IAP	37		
Kuznetsov N.F.	1.5.43	436 IAP	37		
Babak I.I.	1.11.43	100 GvIAP	37		
Gul'tyayev G.K.	8.2.43	788 IAP	36		
Dolgikh A.G.			36		
Zaikov V.			36		
Fedorov I.			36		
Kamozin P.M.	1.5.43	269 IAP	35+13		
	1.7.44	66 GvIAP			
Lavrinenkov V.D.	1.5.43	9 GvIAP	35+11	134	448
	1.7.44	9 GvIAP	(one "taran" 23.8.43)		
Pavlushkin N.S.	1.7.44	402 IAP	35		

"TARAN" RAMMING VICTORES

When *Luftwaffe's* overwhelming units began their vast offensive against the Soviet Air Force on June 22, 1941 the Russian pilots, caught by surprise, tried to use all possible means to fend off the enemy, and soon reports were given about brave pilots who had killed German bombers by deliberately engaging in mid-air collisions with them. Naturally this desperate act often took the lives of both crews but from a tactical point of view it could be considered as a victory.

During the very first day of the war Soviet pilots reported the killing of 76 German aircraft of which 14 were destroyed by a *"taran"* or ramming victory. Only one hour after the German offensive began the first "taran" victory was claimed by Lt. I.I.Ivanov, 46 *IAP*, who rammed one He 111 bomber with his I-16 fighter after running out of ammunition above the village of Dubno in Western Ukraine. Ivanov himself lost his life when the I-16 crashed into the ground. He was posthumously awarded the order of Hero of the Soviet Union on August 2, 1941.

In the 1980s attempts were made in the Soviet Union to produce exact records and statistics on wartime *"taran"* victories. It is probable that these victories amount to more than 500; this in turn gives grounds to presume that the "taran" method of combat, which at the beginning of the war seemed so desperate, soon developed into an effective form of attack much feared by the enemy when performed with skill. Obviously a taranist who attempted to ram an enemy aircraft by flying into its control surfaces stood a substantial chance to escape alive.

One pilot (Lt. Boris Kobzan, 184 *IAP*) is said to have scored four (!) ramming victories, Aleksandr Hlobystov (147 *IAP*) who fought in the Murmansk area claimed three *"tarans"* and altogether 18 pilots claimed at least two *"tarans"*. It stands to reason to suppose that many kills recorded as *"tarans"* were in fact achieved unintentionally, at least in some cases Soviet pilots killed in action may have been credited with *"tarans"* reported by their surviving compatriots.

In addition to these ramming victories, the so-called "crashes ablaze" have been recorded, i.e. cases where loss was been inflicted on the enemy by a pilot who succeeded in steering his diving aircraft ablaze into an enemy base, warship, armoured vehicles, etc.

The *"taran"* victories have been recorded with painstaking thoroughness and so a study into the lists made public in the Soviet Union reveals that there can be found at least eleven cases where the other part has without a doubt been a Finnish aircraft.

The list below includes details of the eleven air combats mentioned above. A glance at the list gives us a clear example of how differently the course of events has been seen by the two opposing parts even in such a clear-cut case as a mid-air ramming. There are at least two cases where one and the same collision has been recorded as an air victory on both sides.

Tarans with Soviet and Finnish participants

Date	Location	Soviet pilot Name	Unit	Aircraft	Comments	Finnish pilot Name	Unit	Aircraft	Comments
29.2.1940	Ruokolahti			I-16	Died	Lt. T.Huhanantti	LeLv 24	FR-94	Died
18.7.41	Pitkäranta, Finland	V.G.Vinogradov Sn.politruk	155 IAP		Died	P.Rimpinen Sgt. (gunner)	LeLv 42	BL-141	Shot down the Soviet plane
22.7.41	Utti, Finland	V.N.Shavrov Lt.	7 IAP	I-153	Died	M.Kirjonen Sgt.	LeLv 32	CU-501	Parachuted
12.8.41	Soutjärvi, E.Carelia	M.P.Krasnolutskiy Capt.	65 ShAP	I-15bis	Forced landing HSU 16.1.42	J.Norola Sn.Sgt.	LeLv 28	MS-301	Successful landing (victory claimed by both parts!)
4.12.41	Karhumäki, E.Carelia	N.F.Repnikov Sn.Lt.	152 IAP	Hurricane	Died; HSU (posthumously) 22.2.43	T.Tomminen Sgt.	LeLv 28	MS-329	Died
24.1.42	Rukajärvi, E.Carelia	V.A.Knizhnik Sn.Lt.	65 ShAP	I-153	Forced landing	P.Koskela Sgt.	LeLv 24	BW-372	Successful landing (victory claimed by both parts!)
10.3.42	Rukajärvi, E.Carelia	A.V.Sorokin Lt.	152 IAP	Hurricane landing	Successful landing	E.Linden Ens., or K.Metsävainio Ens.	LeLv 14 LeLv 14	FR-105 FR-106	Both aircraft disappeared on the same mission
21.5.43	Lavansaari	A.Sitnikov Lt.	71 IAP (VVS KBF)	I-153	Parachuted	T.Saalasti Lt.	LeLv 34	MT-228	Died
10.11.43	Oranienbaum	V.I.Borodin Lt.	13 IAP (VVS KBF)	Yak-7	Died	V.Perkko Lt.	LeLv 24	BW-366	Parachuted, P-O-W
8.5.44	Vytegra			Airacobra		K.Kuusela Ens.	LeLv 28	MS-643	Parachuted, P-O-W
26.6.44	Terijoki	V.G.Serov Sn.Lt.	159 IAP	La-5	Died; HSU (posthumously) 2.8.44.	N.Trontti Lt.	LeLv 34	MT-434	Parachuted, P-O-W

LONG-RANGE AIRFORCE (ADD)

In 1936-38 the long-range bomber units formed three *AONs (Armiya osobogo naznacheniya or Special-purpose army)*, incorporating approx. 350 bombers each, and divided into aviation corps and brigades. However, based on the experience from the Spanish Civil War and the Finnish-Soviet Winter War (with 2129 missions performed) the *AONs* were dissolved in 1940 as being too inflexible.

At the outbreak of the Great Patriotic War on June 22, 1941, the Long-range aviation *(DBA)* formed four Aviation corps in Europe, a fifth corps being under formation in the Far east. The European *DBA* units incorporated 1.346 bombers - most of which were obsolete DB-3s (86 %) and TB-3s (14 %), while only 11 modern TB-7s had been received. Regardless of the above mentioned well-known long-distance flights the blind flying capabilities of the ordinary *DBA* crew and aircraft left much to be desired. Another problem was the unclear subordination of the *DBA* - being a reserve of the Supreme Command, but with its commander simultaneously being a Deputy commander of the Red Air Force.

On March 5, 1942 the ambiguities were solved when *ADD (Aviatsiya dal nego deistviya or Long-range airforce)* was formed as an independent entity subordinated directly (and only) to the *Stavka*. The commander of the *ADD* was the energetic A.Ye. Golovanov (former chief pilot of Aeroflot), who initiated radical reforms. In August-September 1942 *ADD* was thus capable of performing some spectacular bombing attcks against enemy cities (Königsberg, Memel, Tilsit, Bukarest, Budapest etc. and even occasionally Berlin).

In autumn 1943 the *ADD* organization comprised eight Aviation corps *(AK)*, consisting of two divisions *(AD)* each. Each *AD* consisted of two regiments *(AP)*, with nominally three escadrilles (with three flights of three bombers). The nominal strength of an *ADD* corps was thus four regiments, with a total of 108 bombers (not including trainers and reserve aircraft etc). The total *ADD* strength was thus about 900 aircraft.

The main *ADD* equipment during the entire war was the Il-4 bomber, the Pe-8 being available in only small numbers. A significant addition was the B-25 Mitchell which equipped 4 *GvAK*, and was very well-liked by *ADD* pilots. Modified Li-2s and C-47s were above all used by *ADD* transport regiments (the C-47 being preferred for VIP-transports!). A considerable numbers of

Li-2s were modified for night bombing tasks with bombs carried in external racks under the wing.

ADD performed a total of 220.000 missions, of which only a small part, 13.000 missions, were of a strategic character (ie. bombing of enemy objects in the rear). *ADD* was thus primarily a tactical arm directly supporting the ground forces and performing various transportation and supply duties.

The poor results of strategic bombing led obviously to the decision to reorganize *ADD* as the 18 Air Army on Dec. 6, 1944, which put an end to *ADD* being an independent arm, and once more subordinate the Long-range bombing units to the commander of the Soviet Air Force.

ADD BOMBING OF HELSINKI FEBRUARY 1944

In late autumn 1943 the major part of *ADD* was dislocated to North-West Russia (Leningrad, Gzhatsk, Andreapol,Volkhov and Toropets) for a forthcoming strategic attack against Helsinki. The purpose of this attack was to force Finland to quit the *"Waffenbruderschaft"* with Germany, and to begin peace negotiations with the Soviets.

At least the following *ADD* units were concentrated against the Finnish capital:
- 1 *Gv.AK* (Il-4), consisting of 1 *Gv.AD* and 6 *Gv.AD*
- 2 *Gv.AK* (Il-4), consisting of 2 *Gv.AD* and 8 *Gv.AD*
- 4 *Gv.AK* (B-25), consisting of 4 *Gv.AD* and 5 *Gv.AD*
- 5 *AK*, consisting of 53 *AD* (Li-2) and 54 *AD* (Li-2 and TB-3)
- 6 *AK* (Li-2), consisting of 50 *AD* and 9 *Gv.AD*
- 7 *AK* (Li-2), consisting of 1 AD and 12 *Gv.AD*

The bombing attacks were performed with 10 days intervals: during the nights 6/7, 16/17 and 26/27 February 1944. According to Finnish estimations 200 aircraft participated in the first attack, 420 in the second and 600 in the third. As the bombers based in Leningrad area made up to three missions each during the night the total number of missions was 2.120. Because of the well-organized air defence of the Finnish capital with anti-aircraft artillery directed by radars, and especially of the efficient Finnish radio intellingence giving early warning, the well-directed fire forced the bombers to turn away and drop their bombs into the sea, the Finnish capital was saved from destruction. Thus only 711 out of a total 10.681 bombs exploded in the city area and 120 persons were killed.

On the night of March 9/10, 1944 *ADD* bombed the Estonian capital Tallinn with approx. 300 aircraft. As the air defence of German-occupied Tallinn was much weaker than that of Helsinki, the results were very heavy: over 53 % of all houses were damaged, and almost 1.300 persons were killed. This time the bomber regiment (*LeR* 4) of the Finnish Air Force provided *ADD* with an unpleasant surprise: when the Soviet bombers were returning from Tallinn to Leningrad area, 21 Finnish bombers joined the Soviet bombers flying towards *ADD* home bases in "close formation". On the final approach of the *ADD* bombers to the lit runways, the Finnish bombers coldbloodedly bombed the *ADD* bases at Levashovo, Kasimovo, Gorskaya and Yukki, destroying tens of aircraft, several runways, fuel and ammunition depots without own losses.

THE BOMBING OF BERLIN IN AUGUST-SEPTEMBER 1941

In late July 1941 the Soviet High Command decided to bomb Berlin as a revenge to the German bombing of Moscow. As Berlin could be reached only from the Baltic coast the task was given primarily to the DB-3 -equipped 1 *MTAP* of Baltic Fleet Air Forch which was hurriedly stationed to Kaluga on the island of Saaremaa (Ösel) on the Estonian coast.

On the night between August 7th and 8th the first 13 airplanes took off for Berlin led by Col. Preobrazhenskiy. The German anti-aircraft defence was obviously taken completely by surprise. According to Soviet sources all Sovict aircraft were able to return to their base safely after the bombing.

The naval aviators made three raids to Berlin before they were joined by the *Dal 'naya Aviatsiya* on August 11th. Two squadrons of the 200 *BAP* Il-4's took off from Saaremaa and eleven Pe-8's of the 332 *BAP* took off from Pushkino, near Leningrad. Especially the Pe-8's led by the 81 *AD* Commander, *kombrig*, HSU V. M. Vodopyanov were hampered by bad luck with only five Pe-8's returned successfully to their base. As a result, Vodopyanov was relieved of the command of the 81 *AD* and was replaced by Col. A.E.Golovanov (later to command *ADD*).

Berlin was attacked altogether ten times by the naval aviators before Saaremaa had to be evacuated. The last attack was made on the night between September 4th/5th. 86 naval aircraft participated in the raids. 33 of them were reported to have reached Berlin while the others were bombing reserve targets (Stettin, Königsberg, Memel, Danzig, Swinemünde, Libau etc.).

Five of the naval pilots (including Col. Preobrazhenskiy who participated in every attack himself) were awarded HSU's on August 13, 1941 while five of the *DA* Il-4 pilots were awarded HSU's on September 16, 1941.

THE SINKING OF A/A CRUISER "NIOBE" IN KOTKA ON JULY 16, 1944

In early July 1944 the reconnaissance pilots of the Baltic Fleet Air Force had sighted the German anti-aircraft cruiser *"Niobe"*, ex-Dutch cruiser *"Gelderland"* of 3 900 tons, on the Gulf of Finland. As this heavily armed man-of-war posed a serious threat to the operations of the Soviet Navy, a massive air raid was planned to destroy the cruiser.

Both the Commander-in-Chief of the Navy Air Force, Colonel-General S.F. Zhavoronkov, and the People's Commissar of the Navy, Admiral N.G. Kuznetsov participated in the preparations for the attack. Up to 131 aircraft participated in the raid. This was the highest number of aircraft directed by the Baltic Fleet to a single target. The participating aircraft were:
- Twenty-eight Pe-2's (12 *Gv.BAP*, Lt.Col. V.I. Rakov)
- Four Douglas A-20C Havocs (51 *MTAP*, Lt.Col. I.N. Ponomarenko)
- Twenty-three Il—2's (47 *ShAP*, Lt.Col. N.G. Stepanjan)
- Thirty Jak-9's (21 *IAP*, Lt.Col. P.I. Pavlov)
- Twenty-four LaGG-3s (9 and 11 *IAP*)
- Sixteen La-5's (1 *Gv.IAD*)
- Six Yak-9's (15 *ORAP*)

The whole operation was executed under command of Lt.Col. Rakov.

After the initial attack by the Il—2's the Pe-2's dive-bombed in three waves the last of which being a mock attack to divert the attention off the rapid surface bombing by the Havocs equipped with 1 000 kg FAB- 1000 bombs. *"Niobe"* was hit twice during the divebombings. Now she received two hits of FAB- 1000 bombs below the waterline and sank rapidly. The German casualties in this well-planned and well-organized attack were 60 killed and 100 wounded. The Soviet sources admit a loss of two Havocs of the last wave with two other Havocs, a Pe-2 and an Il—2 hit, whereas the Finns reported six aircraft shot down, four of them being "confirmed". The Soviet air forces assumed that the target was the Finnish cruiser Väinämöinen, after which the Red Banner Baltic Fleet air force was for the course of the whole war.

After the successful raid the rank of Hero of the Soviet Union was awarded to Lt.Col. Ponomarenko, Lt.Col. Pavlov, Capt. Tikhomirov who was killed in action and to Lt.Col. Rakov for the second time. Rakov had been awarded his first HSU already in the Winter War on February 7, 1940 when he had the rank of Captain and commander of 57 *BAP*.

ADDITIONS IN 2nd PRINTING

Lend-lease aircraft of the Naval Air Force

The Naval air forces (VVS VMF; ie. consisting of the air forces of the Northern, Baltic, Black Sea and Pacific Fleets) were allocated lend-lease aircraft as follows:

P-39 Airacobra	691
P-40 Tomahawk, Warhawk	311
P-47 Thunderbolt	72
Spitfire	26
Hurricane	246
A-20 Havoc	627
Hampden	20
B-25 Mitchell	8
Albemarle	7
PBN-1 Nomad	138
C-47 Dakota	10
total	2158

These lend-lease aircraft deliveries amounted to 31.3 % of all aircraft deliveries to the Naval air forces during 1941-45.

Composition of the Air Defence Fighter Units (IA PVO)

	1.1.42	1942	1943	1944	1945
I-153	264	143	39	17	-
I-16	411	333	131	97	3
MiG-3	351	409	215	83	-
LaGG-3	170	418	252	105	57
Yak-1	136	261	335	303	121
Yak-7	-	109	559	493	268
Yak-9	-	-	108	671	876
La-5	-	-	343	608	400
La-7	-	-	-	43	98
Hurricane	99	468	823	975	760
Warhawk	-	98	383	910	844
Tomahawk	39	56	43	31	27
Airacobra	-	12	65	597	682
Spitfire Mk.V	-	-	20	19	12
Spitfire Mk.IX	-	-	-	297	825
Kingcobra	-	-	-	5	54
	1470	2307	3317	5318	5047

Note the overwhelming amount of lend-lease fighters at the end of the war!

The total amount lend-lease fighters allocated to the Air Defence amounted to 70.3 % of all fighters delivered to the IA PVO during the war.

NEUVOSTOLIITON ILMAVOIMIEN ORGANISAATIO

Neuvostoliiton lentojoukot olivat II maailmansodan aikana organisatorisesti jaettu tehtävien ja toiminta-alueiden mukaan.

"Varsinaiset" eli Puna-armeijan ilmavoimat (Vojenno-vozduznyje sily Krasnoj Armii, VVS KA) oli 22.6.1941 jaettu seuraavasti:
- ylijohdon (Stavka) ilmavoimat (kaukopommitusyksiköt)
- maavoimille alistetut ilmavoimat, jotka käsittivät;
- rintamailmavoimat (muodostettu sotilaspiirien ilmavoimista)
- armeijojen ilmavoimat (alistettu ko. armeijan johdolle)
- yhteistoimintalaivueet (alistettu maavoimien yksiköiden komentajille)

Konekanta käsitti yhteensä 32 100 lentokonetta, joista 20 000 oli taistelukoneita. Näistä hävittäjiä oli 11 500 ja pommittajia 8 400. Taistelukoneista noin 80% oli vanhentuneita.

Vuonna 1938 oli aloitettu siirtyminen lentoprikaatipohjaisesta lentorykmenttipohjaiseen organisaatioon. Lentorykmenttiin (aviatsionnyi polk, AP) kuului vuosina 1938-41 4-5 laivuetta (eskadrilja), yhteensä 60 konetta. Vuodesta 1941 lähtien siirryttiin kolme laivuetta käsittäviin rykmentteihin. Hävittäjä- ja maataistelurykmenttien nimellisvahvuus oli 40 ja pommitusrykmenttien 32 konetta. Laivue jaettiin 3-4 konetta käsittäviin lentueisiin (zveno).

Rykmentit koottiin lentodivisiooniksi (aviatsionnaja divizija, AD), jotka käsittivät kolme lentorykmenttiä. Hävittäjälentodivisioonan nimellisvahvuus oli 124 konetta ja pommituslentodivisioonan 98 konetta.

Suurin käytetty lentoyhtymä oli lentoarmeijakunta (aviatsionnyj korpus, AK), joka koostui 2-3 lentodivisioonasta käsittäen 250-275 hävittäjää tai vastaavasti 200-300 pommikonetta.

Ilmavoimien organisaatiota yhtenäistettiin toukokuussa 1942, jolloin rintamien ja armeijojen ilmavoimien tilalle perustettiin itsenäiset ilma-armeijat (vozduznaja armija, VA). Ilma-armeijalle oli ominaista keskitetty suunnattu käyttö. Ilma-armeijoita oli yhteensä 18, ja ne käsittivät yleensä 5-8 (jopa 13) lentodivisioonaa.

Merivoimien ilmavoimat (Aviatsija Voenno-morskogo flota, VVS VMF) oli erotettu itsenäiseksi aselajiksi 1.1.1938. Kullakin laivastolla oli omat ilmavoimansa.
- Punalipun Itämeren Laivaston ilmavoimat (VVS KBF)
- Pohjoisen Laivaston ilmavoimat (VVS SF)
- Mustanmeren Laivaston ilmavoimat (VVS TshF)
- Tyynen Meren Laivaston ilmavoimat (VVS TOF)

22.6.1941 Merivoimien ilmavoimilla oli 1 445 lentokonetta, joista 655 oli hävittäjiä. Luvut sisältyvät Neuvostoilmavoimien kokonaismäärään.

Suuren Isänmaallisen Sodan alussa erotettiin 40 hävittäjälentorykmenttiä (noin 1 500 konetta) "varsinaisista" ilmavoimista ilmapuolustustehtäviin. Vuoden 1942 alussa nämä rykmentit siirrettiin Ilmapuolustusjoukkojen (Vojska PVO) alaisuuteen, jolloin syntyi uusi aselaji, Ilmapuolustuksen hävittäjäjoukot (IA PVO). Nämä käsittivät 1.5.1945 yhteensä 97 rykmenttiä.

Kesästä 1943 lähtien Neuvostoliiton ilmavoimilla oli sekä strateginen ilmaherruus että määrällinen ylivoima. Kun vuoden 1941 operaatioihin osallistui korkeintaan 200-500 konetta, pystyttiin vuonna 1943 lähettämään jo muutama tuhat konetta jokaiseen operaatioon. Berliinin taisteluun osallistui yhteensä 7 500 neuvostokonetta keväällä 1945.

Sodan aikana Neuvostoliiton oma lentokoneteollisuus valmisti yhteensä 136 800 lentokonetta, joista varsinaisia sotilaskoneita oli 108 028 kappaletta. Amerikkalaisten ja englantilaisten "Lend-lease" -toimitukset käsittivät yhteensä 17 834 lentokonetta.

VOITOT JA TAPPIOT

Neuvostolähteiden mukaan heidän hävittäjänsä saavuttivat yhteensä noin 40 000 ilmavoittoa, joista laivaston lentäjät 4 900 ja ilmapuolustuksen hävittäjälentäjät 3 900 ilmavoittoa.

Neuvostoilmavoimien tappiot olivat erittäin suuret. Yli 18 400 upseeriohjaajaa kaatui, minkä lisäksi 20 600 katosi tai joutui sotavankeuteen. Esim. vuonna 1942 kaatui 24 % kaikista upseeriohjaajista ja vuonna 1943 tappiot olivat vielä suuremmat. Yli 39% kaikista upseeriohjaajista menetettiin ilmataisteluissa.

Lentokonetappiot käsittivät yhteensä 106 400 konetta, joista 46 100 menetettiin taisteluissa.

HÄVITTÄJÄLENTOTOIMINTA

1930-luvun loppupuolella ja vielä Suuren Isänmaallisen Sodan alussa Neuvostoliiton yleisimmät hävittäjäkonetyypit olivat Polikarpovin suunnittelemat I-16, I-15bis ja I-153. Vuoden 1940 lopussa tuli uusi hävittäjäsukupolvi, LaGG-3, MiG-3 ja Jak-1 -koneet tuotantoon.

Baltian, Valko-Venäjän, Kiovan ja Odessan sotilaspiirien ilmavoimissa oli 22.6.1941 yli 10 000 taistelukonetta, joista noin 1 000 oli uudemman sukupolven hävittäjiä. Saksalaiset tuhosivat sodan ensimmäisen päivän hyökkäyksissä yhteensä 1 136 konetta, joista 800 maassa. Siperiaan evakoitu lentokoneteollisuus pystyi kuitenkin vuodesta 1942 lähtien korvaamaan ensimmäisten sotavuosien konemenetykset uusilla suorituskykyisillä Jak-7, La-5 ja Jak-9 -hävittäjillä.

Kesästä 1943 alkaen Neuvostoliiton hävittäjät olivat sekä määrällisesti, että osin laadullisesti tasaveroisia saksalaisten koneiden kanssa. Vuotta myöhemmin otettiin käyttöön parannettuja La-7 ja Jak-3 -hävittäjiä. Vuodesta 1944 lähtien Neuvostoilmavoimilla oli kasvava määrällinen koneylivoima.

Syksystä 1941 lähtien saatiin myös Yhdysvalloista ja Englannista lentokoneita "lend-lease" -sopimuksen puitteissa mm. Airacobra-, Kingcobra-, Kittyhawk-, Tomahawk-, Hurricane- ja Spitfire-hävittäjiä. Määrällisesti nämä edustivat kuitenkin vain pientä osaa Neuvostoliiton koko hävittäjäkonemäärästä.

POMMITUSLENTOTOIMINTA

1930-luvulla pommituslentotoiminta jaettiin toiminnallisesti keveisiin pommitusyhtymiin *LBA*, joilla oli kalustona pääasiassa Polikarpov R-5 ja raskaisiin pommitusyhtymiin *TBA*, joiden kalusto oli Tupolev TB-3. Kun Tupolev SB ja Iljushin DB-3 olivat tuotannossa 1938-39, pommitusyhtymät organisoitiin uudelleen lähitoimintayhtymiin *BBA* ja kaukotoimintayhtymiin *DA*.

Vuonna 1940 perustettiin syöksypommitusrykmenttejä, joilla oli kalustona Petljakov Pe-2 -koneita. Kaukotoimintayhtymät saivat Iljushin Il-4, Petljakov Pe-8 sekä Jermolajev Jer-2 -koneita. Vuodesta 1943 pommitusrykmenteille toimitettiin myös Tupolev Tu-2 -koneita sekä amerikkalaisia Douglas Havoc -koneita.

Kaukotoimintayhtymistä *DA* oli tätä ennen muodostettu itsenäiset Kaukotoimintailmavoimat *ADD*, jotka perustettiin 5.3.1942.

ADD:n kalustona oli Pe-8 -koneita, muunneltuja Lisunov Li-2 -koneita (lisenssillä valmistettuja Douglas DC-3 -koneita), Il-4 sekä North American Mitchell -koneita. Joulukuun 6. 1944 *ADD:sta* muodostettiin 18. Ilma-armeija.

Vuosina 1942-43 perustettiin joukko kevyitä yöpommituslentorykmenttejä kalustonaan Polikarpov Po-2. Tunnetuimpiin kuului 46. Kaartin Yöpommituslentorykmentti (entinen 588. KevYöPLeR, jolle myönnettiin kaartin arvo 8.2.1943). Se koostui kokonaisuudessaan naisista aina komentajia, ohjaajia ja mekaanikkoja myöten.

MIINOITUS- JA TORPEDOLENTOTOIMINTA

Miinoitus- ja torpedolentotoiminta organisoitiin omaksi laivaston ilmavoimien haaraksi 1939-40. Päätehtävänä oli merenkulun estäminen. Lentokoneet olivat tavallisesti myös pommiripustimin varustettuja, jopa 1 000 kg pommeja käytetiin. Miinoitus- ja torpedolentotoiminta oli organisoitu rykmenteiksi ja divisiooniksi.

Koneita käytettiin sekä keskitettyihin massiivisiin hyökkäyksiin yhtyminä, peräkkäisiin hyökkäyksiin laivueina tai lentueina ja meren yläpuolella tapahtuvaan "vapaaseen metsästykseen" pieninä partioina tai jopa yksittäin.

Miinoitus- ja torpedorykmenteillä oli koneinaan pääasiassa Iljushin DB-3 ja Il-4 -koneita vuosina 1941-42. Myöhemmin niille toimitettiin Douglas Havoc -koneita, jotka oli varustettu torpedoripustimilla.

MAATAISTELULENTOTOIMINTA

Ensimmäiset maataistelulentoyksiköt muodostettiin jo Venäjän sisällissodassa vuonna 1919. Tämän nimenomaisen lentotoiminnan kehittämiseen kiinnitettiin erityistä huomiota Neuvostoliiton ilmavoimissa.

Maataistelulentotoiminnan kehitys Suuressa Isänmaallisessa Sodassa kytkeytyi läheisesti Iljushin Il-2 *"Sturmovikin"* kehitykseen. Venäläiset nimittivät konetta "Lentäväksi tankiksi" ja saksalaiset "Mustaksi kuolemaksi". Koneen sarjatuotanto alkoi vuonna 1941 ja nousi kaikkiaan 36 000 kappaleeseen.

Sturmovikia käytettiin suurina muodostelmina pääasiassa maavoimien tukena vihollisen panssarimuodostelmia, maa-asemia, lentokenttiä, satamia ja jopa merenkulkua vastaan suunnatuissa hyökkäyksissä. Vuoden 1944 puoliväliin mennessä jo 150 maataistelulentorykmenttiä oli varustettu Il-2 -koneilla.

NEUVOSTOLIITON SANKARI

Neuvostoliiton Sankari *(Geroj Sovetskogo Sojuza, GSS)* on Neuvostoliiton korkein kunnianimi. Sen kunniamerkkinä on kultainen viisisakarainen tähti. Se myönnettiin ensimmäisen kerran 20.4.1934 seitsemälle lentäjälle, jotka olivat pelastaneet "Tsheljuskin" -nimisen tutkimusaluksen miehistön Tshukhotskin mereltä Beringin salmen pohjoispuolelta.

Ennen Suurta Isänmaallista Sotaa oli nimitetty 181 lentäjäsankaria sekä neljä kaksinkertaista Sankaria mm. Espanjan sisällissodassa 1936-39, Khasanissa Mantshuriassa 1938, Khalkhin-Golissa Mongoliassa 1939 ja Suomen talvisodassa 1939-40 kunnostautuneita neuvostolentäjiä. Talvisodan jälkeen Neuvostoliiton Sankareiksi nimitettiin yhteensä 90 lentäjää, joista 17 oli Itämeren Laivaston ilmavoimista.

Suuressa Isänmaallisessa Sodassa nimitettiin ensimmäiset lentäjäsankarit 8.7.1941. Sankariarvon saivat Leningradin rintaman 158. HävLeR:n aliluutnantit M.P. Zhukov, S.I. Zdorovtsev ja P.T. Kharitonov.

Elokuussa 1941 julkaistiin hävittäjälentäjien palkitsemista koskeva yleisohje; kolme ja kuusi ilmavoittoa oikeuttivat eriarvoisiin kunniamerkkeihin ja Neuvostoliiton Sankarin arvon edellytyksenä oli yhdeksän ilmavoittoa. Tästä ohjeellisesta arvosta oli varsinkin sodan loppuvaiheessa paljon poikkeamia eri syistä. Mainittakoon, että kaksinkertaisen Sankarin kunniaksi pystytettiin patsas hänen kotipaikkakunnalleen.

Suuressa Isänmaallisessa Sodassa nimitettiin Neuvostoliiton Sankareiksi 2 420 lentäjää, joista 895 oli hävittäjälentäjiä. Kaksinkertaisiksi Neuvostoliiton Sankareiksi nimitettiin 65 lentäjää, joista hävittäjälentäjiä oli 26. Kolminkertaisiksi Neuvostoliiton Sankareiksi nimitettiin kaksi hävittäjälentäjää, I.N. Kozhedub, jolla oli 62 ilmavoittoa, ja A.I. Pokryshin, jolla oli 59 ilmavoittoa.

Suuressa Isänmaallisessa Sodassa pommituslentäjiä nimitettiin Neuvostoliiton Sankareiksi kaikkiaan noin 510, näistä 23 oli 46. KaartYöPLeR:n naislentäjiä. 243 lentäjää oli Kaukopommitusilmavoimista sekä 23 Laivaston ilmavoimista. Viisitoista pommituslentäjää sai kaksinkertaisen sankarinarvon, heistä kuusi oli *ADD:sta* ja yksi laivastosta.

Noin 840 maataistelulentäjää sai Neuvostoliiton Sankarin arvon, heistä 40 oli Laivaston ilmavoimista. 27 maataistelulentäjää sai Sankarin arvon kahdesti, heistä kolme oli Laivaston ilmavoimista.

Neuvostoliiton Sankareita nimitettiin Suuressa Isänmaallisessa Sodassa yhteensä 11 635 kaikki aselajit mukaanluettuna, kaksikertaisia Sankareita oli 115 ja kolminkertaisia kolme.

KAARTIN YKSIKÖT

18.9.1941 perustettiin ensimmäiset Kaartin yksiköt Punaiseen Armeijaan. "Kaarti" oli kunnianimi, joka annettiin erityisesti kunnostautuneelle yksikölle. Tälle luovutettiin juhlallisesti erityinen Kaartin lippu, upseerien arvoihin liitettiin etuliite "kaartin-" (esim. kaartinkapteeni), ja yksikössä palvelevat sotilaat saivat Kaartin merkin asepukuunsa.

Yksikön numero muuttui usein Kaartin nimityksen yhteydessä. Ensimmäiset Kaartin lentorykmentit nimitettiin 6.12.1941. Yhteensä 288 lentoyksikköä sai Kaartin kunnianimen.

Yksiköille voitiin myös myöntää muita kunniamerkkejä ja -nimiä esimerkiksi taistelujen ja sankarien kunniaksi, jolloin nämä liitettiin kyseessä olevan yksikön viralliseen nimeen. Esimerkiksi Pohjoisen Laivaston 2. KaartHävLeR:n virallinen nimi oli sodan päättyessä kokonaisuudessaan "Pohjoisen Laivaston Ilmavoimien petsamolainen, Punalipun, Safonovin nimeä kantava Toinen Kaartin Hävittäjälentorykmentti".

Yhteensä 708 lentoyksikköä sai kunnianimiä.

TARANY— "TÖRMÄYSVOITOT"

Luftwaffen hyökättyä ylivoimaisilla yksiköillään neuvostoilmavoimien kimppuun 22.6.1941 yrittivät yllättyneet neuvostolentäjät puolustautua kaikin keinoin, ja nopeasti levitettiin tietoja urhoollisista lentäjistä, jotka olivat pudottaneet saksalaisia pommikoneita ajamalla tahallisesti yhteen ilmassa. Tämä epätoivoinen teko vaati luonnollisesti usein kummankin miehistön hengen, mutta sitä on taktisesti pidettävä "voittona" . Sodan ensimmäisenä päivänä, 22.6.1941, pudottivat neuvostolentäjät omien ilmoitustensa mukaan 76 saksalaiskonetta, joista ainakin 14 yhteentörmäyksellä.

Jo tunnin kuluessa Saksan hyökkäyksestä suoritettiin ensimmäinen "törmäysvoitto" eli venäjäksi *"taran"*, kun ltn I.I. Ivanov, 46. HävLeR pudotti I-16 hävittäjällään He 111 pommikoneen törmäämällä ammusten loputtua Länsi-Ukrainan rajaseudulla Dubnon kylässä. Ivanov kuoli itse koneensa syöksyessä maahan, ja hänelle myönnettiin kuoleman jälkeen Neuvostoliiton Sankarin arvo 2.8.1941.

1980-luvulla on Neuvostoliitossa dokumentoitu ja tilastoitu "törmäysvoittoja" hyvin suurella tarkkuudella. Yhteensä lienee suoritettu yli 500 törmäysvoittoa, ja voitaneen todeta, että tämä sodan alussa epätoivoinen puolustuskeino kehittyi taitavasti suoritettuna vastustajien pelkäämäksi hyökkäysmuodoksi. Lentämällä esim. vastustajan koneen ohjainpintoihin oli ilmeisesti kohtalaisen suuret mahdollisuudet selviytyä itse hengissä.

Yhdellä lentäjällä (ltn. Boris Kobzan, 184. HävLeR) sanotaan olleen neljä (!) törmäysvoittoa tilillään. Muurmanskin seudulla taistelleella Aleksandr Hlobystovilla (147. HävLeR) oli kolme, ja 18 ohjaajalla oli kaksi törmäysvoittoa.

On luonnollista että kaikki törmäysvoitoksi kirjatut pudotukset eivät liene olleet aina tarkoituksella tehtyjä, vaan henkiin jääneet neuvostolentäjät lienevät ainakin joissakin tapauksissa raportoineet "törmäysvoittoja" kaatuneitten lentäjätovereittensa tiliin.

Tutkimalla Neuvostoliitossa julkaistuja luetteloita, löytyy ainakin 11 tapausta, missä toisena osapuolena on ollut suomalainen lentokone.

Voidaan helposti todeta, etta niinkin selväpiirteisen tapahtuman kuin yhteentörmäyksen kohdalla on tapauksen kulku todettu ihan eri tavalla eri osapuolilla — ainakin kahdessa tapauksessa on yhteentörmäys puolin ja toisin kirjattu ilmavoitoksi.

ADD:N HYÖKKÄYKSET HELSINKIIN HELMIKUUSSA 1944

Myöhäisyksynä 1943 valtaosa *ADD:n* (itsenäiset kaukopommitusilmavoimat) yksiköistä siirrettiin Luoteis-Venäjälle (mm. Leningradiin, Gzhatskiin, Andreapoliin, Volkoviin sekä Toropetsiin) suorittamaan strategista hyökkäystä Helsinkiin. Hyökkäyksen tavoitteena oli pakottaa Suomea lopettamaan aseveljytensä Saksan kanssa, ja aloittamaan rauhanneuvottelut Neuvostoliiton kanssa.

Ainakin seuraavat *ADD:n* yhtymät osallistuivat Suomen pääkaupunkia vastaan suoritettuihin hyökkäyksiin:

- 1 KaartLeAK (Il-4), divisioonat 1 KaartLeD ja 6 KaartLeD
- 2 KaartLeAK (Il-4), divisioonat 2 KaartLeD ja 8 KaartLeD
- 4 KaartLeAK (B-25), divisioonat 4 KaartLeD ja 5 KaartLeD
- 5 LeAK, divisioonat 53 LeD (Li-2) ja 54 LeD (Li-2 ja TB-3)
- 6 LeAK (Li-2), divisioonat 50 LeD ja 9 KaartLeD
- 7 LeAK (Li-2), divisioonat 1 LeD ja 12 KaartLeD

Pommitushyökkäykset suoritettiin kymmenen päivän välein: 6./7., 16./17. sekä 26./27. helmikuuta välisinä öinä. Suomalaisten arvioiden mukaan ensimmäiseen hyökkäykseen osallistui 200 lentokonetta, toiseen 420 konetta ja kolmanteen 600 konetta. Koska Leningradin alueella tukeutuneet pommittajat tekivät jopa kolme lentoa saman yön aikana oli konekohtaisia lentoja yhteensä 2.120.

Johtuen Suomen pääkaupungin hyvin järjestetystä ilmapuolustuksesta (mm. *Wurzburg-* eli Raija-tutkilla johdettu it-tuli), sekä ennenkaikkea tehokkaasta radiotiedustelusta jonka avulla saatiin ennakkovaroitus, hyvin suunnattu it-tuli pakotti hyökkääviä pommittajia kääntymään poispäin ja pudottamaan pomminsa mereen, ja Helsinki selvisi varsin pienin vaurioin. Vain 711 yhteensä 10.681 pudotetusta pommista osui kaupungin rakennettuihin osiin, ja 120 henkilöä sai surmansa.

Maaliskuun 9. ja 10. päivien välisenä yönä *ADD* pommitti Viron pääkaupunkia Tallinnaa noin 300 koneen pommikoneen voimin. Koska saksalisten miehittämän Tallinnan ilmapuolustus oli huomattavasti heikompi, tulokset olivat raskaat: yli 53 % kaikista rakennuksista tuhoutui, ja melkein 1.300 henkilöä sai surmansa. Tällä kertaa järjesti kuitenkin Suomen ilmavoimien LeR 4 ikävän yllätyksen *ADD:lle*: neuvostopommittajien palatessa Tallinnasta tukikohtiinsa Kannakselle 21 suomalaista pommikonetta liittyi "muodostelmaan" ja lensi *ADD:n* tukikohtia kohti. Kun neuvostopommikoneet lähestyivät tukikohtiaan, ja kiitoratavalot sytytettiin, pommittivat suomalaiset kylmäverisesti Levashovon, Kasimovon, Gorskajan sekä Jukin *ADD* -tukikohtia tuhoten kymmeniä lentokoneita, kiitoratoja, polttoaine- ja ammusvarastoja ilman omia tappioita.

BERLIININ POMMITUS ELO-SYYSKUUSSA 1941

Heinäkuun lopulla 1941 Neuvostopäämaja päätti pommittaa Berliiniä kostoksi saksalaisten suorittamasta Moskovan pommituksesta. Kun Berliiniin voitiin yltää vain Baltian rannikolta, tehtävä annettiin ensisijaisesti DB-3:lla varustetulle Itämeren laivaston 1. Miinoitus- ja torpedolentorykmentille, joka siirrettiin suurella kiireellä Kalugan lentotukikohtaan Saarenmaalle.

Elokuun 7. ja 8. päivien välisenä yönä ensimmäiset 18 lentokonetta suuntasivat lentonsa kohti Berliiniä eversti Preobrazhenskijn johdolla. Saksalaisten ilmatorjunta yllätettiin täydellisesti. Neuvostolähteiden mukaan kaikki koneet palasivat tukikohtaansa vauriotta.

Laivaston lentäjät tekivät kolme hyökkäystä Berliiniin, ennen kuin Kaukotoimintayhtymät liittyivät mukaan 11.8. 200. Pommituslentorykmentin kaksi Il-4 -laivuetta nousi ilmaan Saarenmaalta ja yksitoista 332. Pommituslentorykimentin Pe-8 -konetta nousi ilmaan Pushkinosta Leningradin läheltä. Erityisesti 81. Len-

todivisioonan komentajan Neuvostoliiton Sankarin V.M. Vo-
dopjanovin johtamilla Pe-8 koneilla oli huonoa tuuria vain viiden
palatessa tukikohtaansa onnellisesti. Seurauksena oli, että Vo-
dopjanov vapautettiin tehtävästään ja hänen tilalleen nimitettiin
eversti A.E.Golovanov, josta tuli myöhemmin ADD:n komentaja.

Laivaston lentäjät hyökkäsivät Berliiniä vastaan yhteensä kym-
menen kertaa, ennenkuin Saarenmaa oli evakuoitava. Viimeinen
hyökkäys tehtiin syyskuun 4. ja 5. päivien välisenä yönä. Hyök-
käyksiin osallistui 86 laivaston lentokonetta. Niistä 33 ilmoitet-
tiin päässeen Berliinin yläpuolelle, kun taas muut pommittivat va-
ramaaleja Stettiniä, Königsbergiä, Memeliä, Danzigia,
Swinemündeä, Libauta jne.

Viisi laivaston lentäjistä, heidän joukossaan eversti Preob-
razhenskij joka oli osallistunut jokaiseen hyökkäykseen, palkit-
tiin Neuvostoliiton Sankarin arvolla 13.8.1941, kun taas viisi Il-
4-lentäjää sai arvon 16.9.1941.

"NIOBEN" TUHO KOTKASSA 16.7.1944

Heinäkuun alussa 1944 Itämeren laivaston tiedustelulentäjät oli-
vat havainneet saksalaisen it-risteilijän "Nioben" (entisen hol-
lantilaisen 3.900 tonnin risteilijän "Gelderlandin"). Suomenlah-
della. Koska tämä vahvasti aseistettu laiva muodosti vakavan uh-
kan Itämerenlaivaston operaatiomahdollisuuksille, "Niobe"
päätettiin tuhota massiivisella ilmahyökkäyksellä.

Hyökkäyksen valmisteluihin osallistuivat sekä laivaston il-
mavoimien komentaja kenraaliversti S. F. Zhavoronkov että lai-
vaston kansankomissaari amiraali N. G. Kuznetsov. Hyökkäyk-
seen otti osaa peräti 131 lentokonetta. Se oli suurin määrä, min-
kä Itämeren laivasto oli siihen mennessä mobilisoinut yhtä koh-
detta vastaan. Osallistuneita koneita oli seuraavasti:
- 28 kpl Pe-2 (12. KaartPLeR, evl. V.I. Rakov)
- 4 kpl Douglas A-20G Havoc (51. MTLeR,
  evl. I.N. Ponomarenko)
- 23 kpl Il-2 (47. MaaststLeR, evl. N.G. Stepanjan
- 30 kpl Jak-9 (21. HLeR, evl. P.I. Pavlov)
- 24 kpl LaGG-3 (9. ja 11. HLeR)
- 16 kpl La-5 (1. KaartHLeD)
- 6 kpl Jak-9 (15. ErTiedLeR)

Koko operaation johtajana toimi evl. Rakov.

Il-2-koneiden alkurynnäkön jälkeen Pe-2:t tekivät kolme syök-
sypommitusrynnäkköä. Näistä viimeinen oli valehyökkäys, jot-
ta 1 000 kg FAB-1000 pommeilla varustetut Havoc-koneet voi-
sivat tehdä nopean pintapommituksen mahdollisimman yllättä-
en. "Niobeen", joka oli jo saanut kaksi täysosumaa syöksypom-
mitusaaltojen aikana, osui kaksi FAB-1000 pommia aivan ve-
silinjan alapuolelle, jolloin laiva alkoi nopeasti upota. Hyvin suun-
nitellussa ja koordinoidussa hyökkäyksessä, joka kesti vain 11
minuuttia, laivan miehistöstä kaatui noin 60 ja haavoittui noin 100
miestä. Hyökkäyksen kohteena Neuvostoliiton ilmavoimat
olettivat olleen panssarilaiva Väinämöisen, jota Itämeren Lai-
vaston ilmavoimat olivat etsineet koko sodan ajan.

Neuvostoliittolaisten lähteiden mukaan menetettiin kaksi vii-
meisinä hyökännyttä Havoc-konetta. Kaksi muuta Havocia sai
osumia kuten myös yksi Pe-2 ja yksi Il-2. Suomalaiset ilmoittivat
ampuneensa alas kuusi venäläiskonetta, joista "varmoina" neljä.

Onnistuneen hyökkäyksen johdosta Neuvostoliiton Sankarin ar-
vo myönnettiin evl. Ponomarenkolle, evl. Pavloville, kaatuneelle
kapt. Tihomiroville sekä evl. Rakoville jo toistamiseen. Rakov
oli saanut ensimmäisen sankaritähtensä jo talvisodassa 7.2.1940
kapteenina ollessaan 57. PLeR:n komentajana.

Abbreviations

AD	Aviation Division	Lentodivisioona (LeD)
ADD	Long-Range Aviation	Kaukotoimintailmavoimat
AP	Aviation Regiment	Lentorykmentti (LeR)
BAD	Bomber Aviation Division	Pommituslentodivisioona (PLeD)
BAP	Bomber Aviation Regiment	Pommituslentorykmentti (PLeR)
ChF	Black Sea Fleet	Mustan meren Laivasto
DA	Long-Range Aviation	Kaukotoimintayhtymät
DD	Long-Range	Kaukotoiminta
Gv	Guards	Kaartin- (Kaart)
IAP	Fighter Aviation Regiment	Hävittäjälentorykmentti (HLeR)
KBF	Red Banner Baltic Fleet	Punalippuinen Itämeren Laivasto
LII	Flight Research Institute	Koelentoinstituutti
LNBAP	Light Night Bomber Aviation Regiment	Kevyt yöpommituslentorykmentti (KevYöPLeR)
MRAP	Maritime Recconnaissance Regiment	Meritiedustelulentorykmentti (MeriTiedLeR)
MTAD	Mine-torpedo Aviation Division	Miina-torpeedolentodivisioona (MTLeD)
MTAP	Mine-torpedo Aviation Regiment	Miina-torpeedolentorykmentti (MTLeR)
NBAP	Night Bomber Aviation Regiment	Yöpommituslentorykmentti (YöPLeR)
NII VVS	Air Force Research Institute	Ilmavoimien tutkimuslaitos
O	Detached	Erillinen
ORAP	Detached Recconnaissance Regiment	Erillinen Tiedustelulentorykmentti (ErTiedLeR)
PAD	Dive-Bomber Aviation Division	Syöksypommituslentodivisioona (SyöksyPLeD)
PAP	Dive-Bomber Aviation Regiment	Syöksypommituslentorykmentti (SyöksyPLeR)
RAP	Recconnaissance Aviation Regiment	Tiedustelulentorykmentti (TiedLeR)
SAD	Mixed Aviation Division	Sekalentodivisioona
SBAP	Fast Bomber Aviation Regiment	Pikapommituslentorykmentti (PikaPLeR)
SF	Northern Fleet	Pohjoinen Laivasto
ShAD	Ground-attack Aviation Division	Maataistelulentodivisioona (MaatstLeD)
ShAP	Ground-attack Aviation Regiment	Maataistelulentorykmentti (MaatstLeR)
TAD	Transport Aviation Division	Kuljetuslentodivisioona (KuljLeD)

Lyhenteet

TAP	Transport Aviation Regiment	Kuljetuslentorykmentti (KuljLeR)
TOF	Pacific Fleet	Tyynen Valtameren Laivasto
VA	Air Army	Ilma-armeija
VMF	Navy	Merivoimat
VVS	Air Force	Ilmavoimat
ml.lt.	Sublieutenant	aliluutnantti
lt.	Lieutenant	luutnantti
st.lt.	Senior Lieutenant	yliluuttnantti
kap.	Captain	kapteeni
maj.	Major	majuri
podp.	Lt.Colonel	everstiluutnantti
polk.	Colonel	eversti
gen.maj.	Maj.General	kenraalimajuri
gen.lt.	Lt.General	kenraaliluutnantti
gen.polk.	Col.General	kenraaliversti
marshal av.	Air Marshal	Ilmavoimien marsalkka
gl.marsh.av.	Air Chief Marshal	Ilmavoimien päämarsalkka
Belor.fr.	Belorussian Front	Valkovenäjän rintama
Kal.fr.	Kalinin Front	Kalininin rintama
Kar.fr.	Karelian Front	Karjalan rintama
Len.fr.	Leningrad Front	Leningradin rintama
Prib.fr.	Baltic Front	Baltian rintama
S.-Z.fr.	North-Western Front	Luoteisrintama
Sev.-Kavk.fr.	North Caucasian Front	Pohjois-Kaukasian rintama
St.fr.	Steppe Front	Arorintama
Tsentr.fr.	Central Front	Keskusrintama
Ukr.fr.	Ukrainian Front	Ukrainan rintama
Voron.fr.	Voronezh Front	Voronezhin rintama
Zap.fr.	Western Front	Länsirintama
Yuzhn.fr.	Southern Front	Etelärintama
Stavka VGK	Supreme Command	Ylijohto

MiG-3
OIAE VVS KBF
Lt. N. Esteyen
South Finland 1941

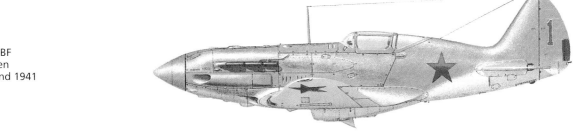

MiG-3
8 IAP VVS ChF
Black Sea 1942

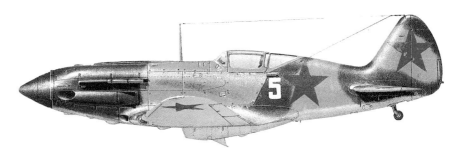

Jak-1
IAP
1942

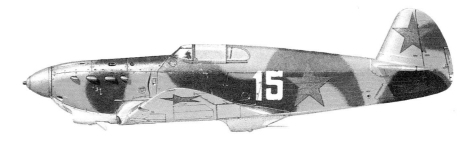

Jak-1 lightened
1 Polish IAP
Poland 1945

Yak-9M
976 IAP
Baltic 1944

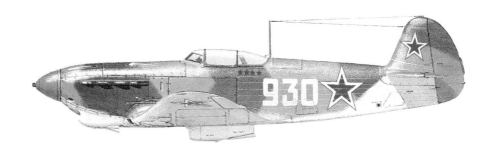

Hurricane Mk.IIB
IAP
East Karelia 1942

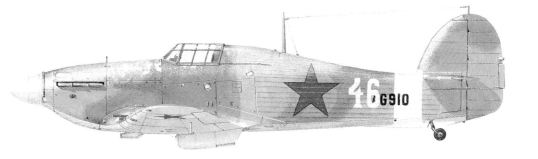

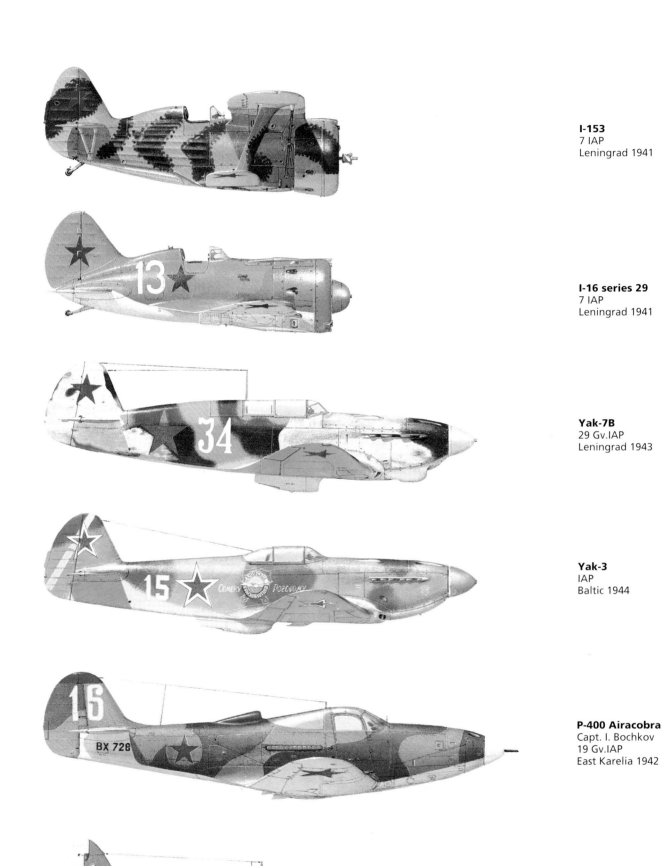

I-153
7 IAP
Leningrad 1941

I-16 series 29
7 IAP
Leningrad 1941

Yak-7B
29 Gv.IAP
Leningrad 1943

Yak-3
IAP
Baltic 1944

P-400 Airacobra
Capt. I. Bochkov
19 Gv.IAP
East Karelia 1942

P-40N Warhawk
191 IAP
Leningrad 1943

I-15bis
265 ShAP
Leningrad 1941

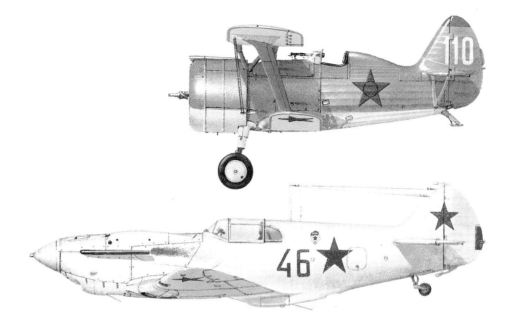

LaGG-3 series 3
Gv.IAP
1942

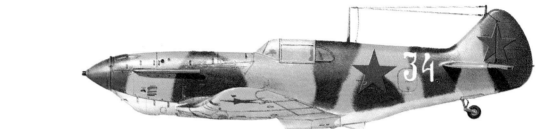

LaGG-3 series 19
IAP
1942

La-5
IAP
1944

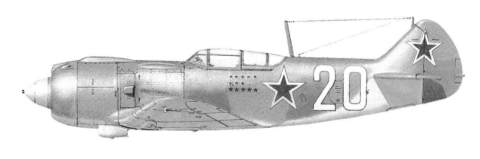

La-5F
21 IAP
1944

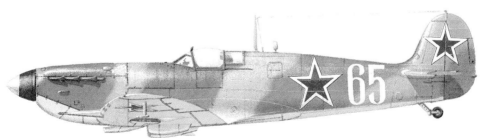

Spitfire Mk.VB
Moscow 1945

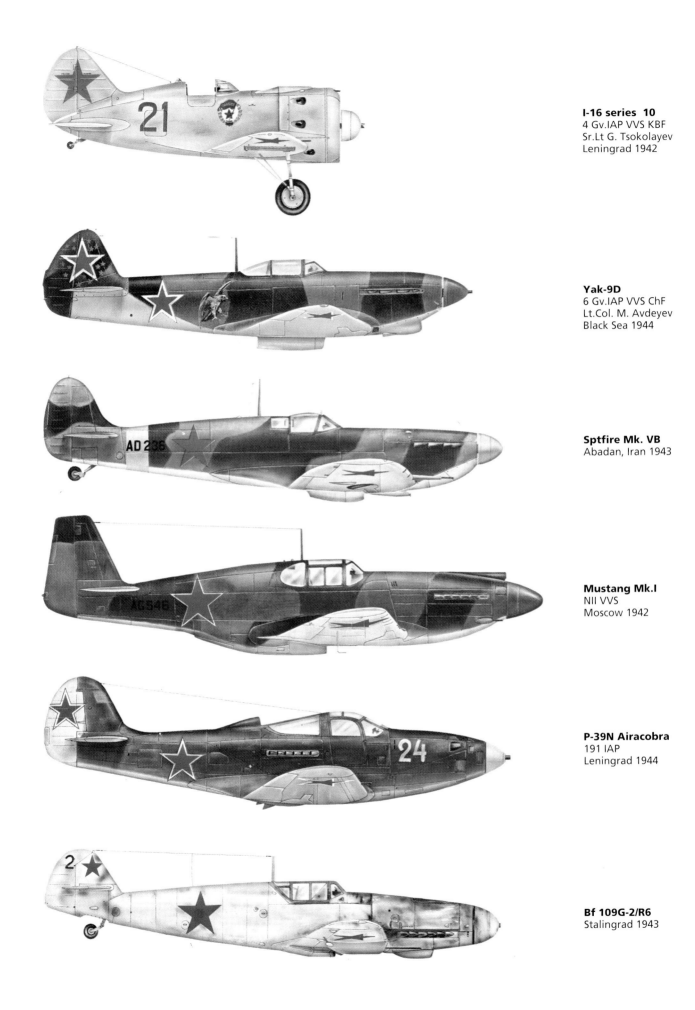

I-16 series 10
4 Gv.IAP VVS KBF
Sr.Lt G. Tsokolayev
Leningrad 1942

Yak-9D
6 Gv.IAP VVS ChF
Lt.Col. M. Avdeyev
Black Sea 1944

Sptfire Mk. VB
Abadan, Iran 1943

Mustang Mk.I
NII VVS
Moscow 1942

P-39N Airacobra
191 IAP
Leningrad 1944

Bf 109G-2/R6
Stalingrad 1943

Il-2
ShAP
Leningrad 1943

Il-2 m
VVS ChF
Black Sea 1944

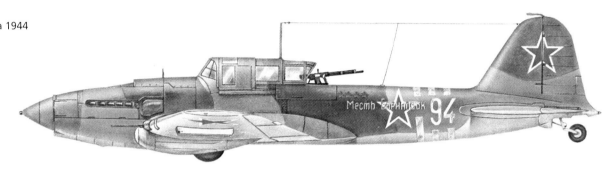

Il-2m3
943 ShAP
Capt. G. Parshin
Leningrad 1944

Pe-2 series 179
73 BAP VVS KBF
Leningrad 1942

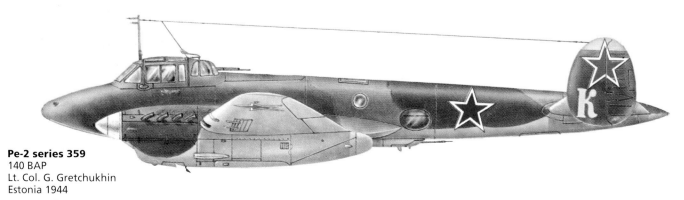

Pe-2 series 359
140 BAP
Lt. Col. G. Gretchukhin
Estonia 1944

Il-2m3
566 ShAP
Leningrad 1944

Pe-2 series 205
12 Gv.PAP VVS KBF
Lt.Col. V. Rakov
Gulf of Finland 1944

Hampden Mk.I
24 MTAP VVS SF
Capt. A. Stoyanov
Murmansk 1942

A-20G Havoc
BAP
Tula 1944

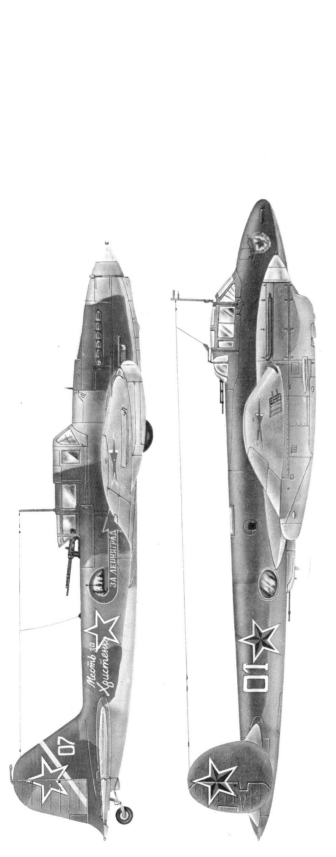

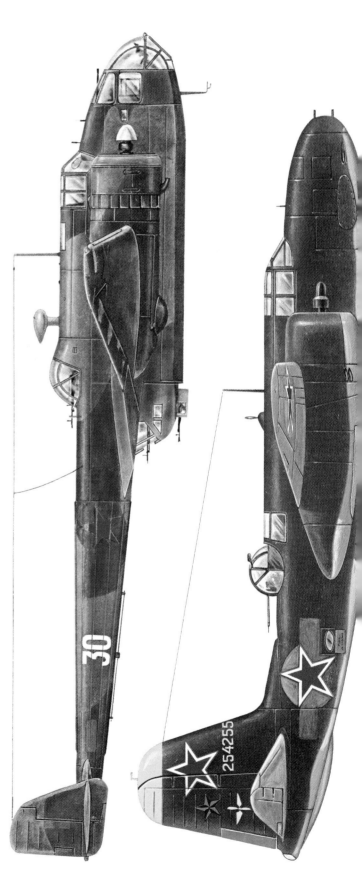

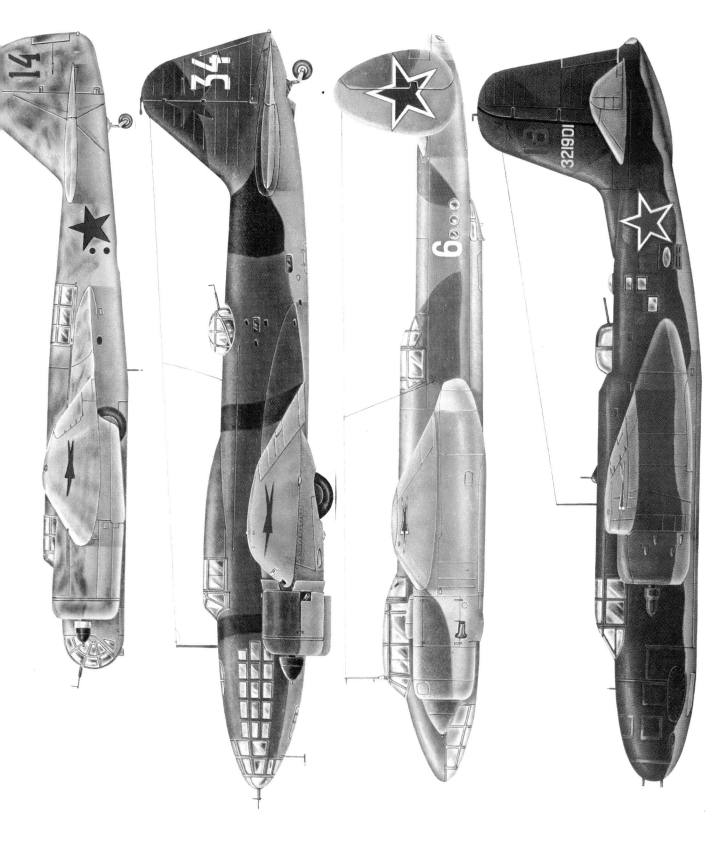

SB-2M100
SBAP
Baltic 1941

Il-4
MTAP VVS KBF
Baltic 1943

Tu-2
Aviation Day
Moscow 1945

A-20G Havoc
51 MTAP VVS KBF
Baltic 1945

SOVIET WW II ORDERS
NEUVOSTOLIITON KUNNIAMERKKEJÄ II MAAILMANSODASSA

Left: The Golden Star - the token of the Hero of the Soviet Union. It was established on April 16, 1934. During the Great Patriotic War 11.635 warriors were made HSUs, 115 soldiers were given this title twice, and two fighter-pilots (Kozhedub and Pokryshkin) were made triple-HSUs.

The Lenin order was established on April 6, 1930. During 1941-45 more than 41.000 individuals and over 200 units were awarded the Lenin order.

The Guards units were established on Sept. 18, 1941. The personnel of a Guards unit wore the Guards emblem on their uniform, and it was also usually painted on the aircraft, tanks, ships etc. Approx. 1.000 units were made Guards.

The Red Banner order was established on Sept. 16, 1918. During 1941-45 more than 13 million individuals and over 3.100 units were awarded the Red Banner order.

The Red Star order was established on April 6, 1930. During 1941-45 over 2.860.000 individuals and over 1.700 units were awarded the Red Star order.

The order of the Patriotic War was established on on May 20, 1942 in two degrees. More than 350.000 individuals were awarded the order of the Patriotic War 1 degree.

The order of Suvorov was established on July 29, 1942 and was awarded in three degrees, totalling more than 7.200 orders.

The order of Kutuzov was established on July 29, 1942 and was awarded in three degrees. More than 7.100 individuals and 1.570 units were awarded the order of Kutuzov.

The order of Aleksandr Nevskiy was established on July 29, 1942 and was awarded to more than 42.000 individuals and 1.470 units.